¿Cómo FABRICO mi queso?

Porque el concepto de cambio... CAMBIÓ

ISBN: 978-0-9856349-0-2

Edición: Melissa Santiago Flecha
Diseño de la cubierta: Lord & Loly Graphics Designs
y Rose Mary Caldero Rivera
Diagramación: Rose Mary Caldero Rivera
Fotos contraportada: Edwin Cordero
Impreso en Puerto Rico
Tipografía utilizada: Garamond

Comentarios acerca de ¿Cómo fabrico mi queso?

En su infinita misericordia, y en una cita divina, Dios hizo que el camino de Samuel y el mío se uniera en lo que aparentaba ser un encuentro casual. Mi esposa había tenido la oportunidad de leer sus libros y participar de sus seminarios y a través de ella conocía de las habilidades de Samuel. Un día tomando un café nos encontramos y desde ese día comenzó la historia de integración de un hombre de grandes recursos y logros a nuestro ministerio. En ese momento nos encontrábamos re-estructurando el liderato de la iglesia y Samuel se hizo disponible para este gran reto de fe. En cada reunión se hacía más obvio que Samuel había sido asignado por Dios para un tiempo como este. Inmediatamente Samuel se integró de lleno al río de Dios y la estructura de consolidación del ministerio. Samuel no solamente es un profesional con vasto conocimiento y habilidades impresionantes, sino que su mayor activo es su amor por Dios, su obra, y su genuino deseo de transformar vidas. Hoy Samuel viaja el mundo enseñando, fabricando carácter y enriqueciendo la vida de miles de líderes y empresarios, a la vez que en nuestra iglesia es un servidor incansable.

Pastor Otoniel Font
(Iglesia Fuente de Agua Viva, Puerto Rico)

El desafío de los líderes de empresa es lograr que sus equipos de trabajo logren generar resultados arriba de las expectativas, consistentemente. Esto siguiendo siempre principios de integridad y ética. Para lograr esto, es necesario inspirar y lograr que cada líder dentro de la organización descubra sus capacidades para crear valor y contagie al resto de la organización a hacer lo mismo. Samuel Clavell es un profesional muy efectivo, quien por medio de su libro ¿Cómo Fabrico mi Queso?, y sus intervenciones y asesorias personales, logra inspirar y mover a los individuos de la orgranización a convertirse en líderes de acción, enfoque y resultados.

Renzo Casillo
(Gerente General, Wal-Mart Brazil)

El paradigma del fabricante de éxito probablemente siempre ha existido, lo que ocurre es que ser un "comelón" era más fácil que convertirse en un "hacedor". El mundo empresarial de hoy es más exigente y el cliente es más educado, por lo tanto, ya no es suficiente ser un mero comelón. Necesitamos fabricantes urgentemente. Sammy, gracias una vez más por iluminar nuestro sendero.

Edward de la Paz
(Gerente General, Hertz Rent a Car, Puerto Rico, Caribe, Brazil)

La primera vez que escuché a Samuel Clavell hablar de liderazgo me cautivó al instante. Él definió tan compleja palabra de una manera muy siemple: "Liderazgo es influencia". Desde entonces he sido retado a influenciar positivamente en todo lo que hago con más conciencia y responsabilidad. Con Sammy aprendí que cada persona puede influir, aun sin título y posiciones. Todos tenemos el llamado a influenciar. Para mi leer lo que Sammy escribe y escuchar lo que habla me reta a crecer y luchar por ser mejor en mis múltiples funciones: personales, profesionales y ministeriales.

Juan Carlos Matos
(Presidente y dueño, Nueva Vida 97.7 FM)

Impactante, excepcional. Una guía práctica para ser una persona exitosa dentro del nuevo orden económico y social que estamos experiementando en el siglo XXI. Sammy Clavell simplifica conceptos profundos y los explica en su libro de una manera magistral y muy efectiva.

Estos conceptos los podemos aplicar paso a paso en nuestra vida personal, familiar y profesional para convertirnos en fabricantes que aportamos realmente a nuestra sociedad y que, de esa manera, trascendamos. ¿Cómo fabrico mi queso? es una lectura indispensable para cualquier persona y organización que quiera alcanzar la excelencia.

David Belmar
Empresario y Gerente de Operaciones
de empresas tecnológicas.

Excelente, Un allamado a asumir nuestra responsabilidad. Despues de contar con Sammy como mentor para nuestra organización, ahora podemos disfrutar su libro ¿Cómo fabrico mi queso?. Es una guía práctica para el desarrollo personal. Una obra para la vida misma. De una manera sencilla pero muy profunda y completa, Sammy nos lleva por un proceso de evaluación individual y lo complementa con los "Mapas de construcción", de modo que al terminar de leer el libro, éste se convierte en una herramienta práctica y vital para producir y crear en grande. Sammy nos hace un llamado a emprender acción y asumir responsabilidad desde todos los ángulos: personal, espiritual, familiar, social y empresarial. En fin, ¿Cómo fabrico mi queso? es una obra que todos debemos leer.

Lic. Gavino Rivera
Ex Gerente general de Adecco,
Puerto Rico y el Caribe

SAMUEL CLAVELL

¿Cómo FABRICO mi queso?

Porque el concepto de cambio... CAMBIÓ

SC Enterprises, LLC
Para pedidos favor llamar al: 1 (787) 704 -5000
www.samuelclavell.com   info@samuelclavell.com

Agradecimientos

Muchas veces en el día me doy cuenta de cuánto de mi propia vida se levanta sobre el trabajo de mis colegas, tanto vivos como muertos. Por ello, con muchas ansias, debo esforzarme para retribuir tanto como he recibido.

- Albert Einstein

El proceso de crear comenzó hace muchos siglos. Gracias a ello el ser humano crece y alcanza logros constantemente. Por eso, tengo que agradecer a muchas personas que, de una manera u otra, han sido clave en mi aventura de convertirme en un fabricante. Sé que sin ellos este libro no habría sido escrito.

Primero que todo deseo agradecer a mis padres, Horacio y Adelaida Clavell, por sus enseñanzas constantes; sin ellas, definitivamente no sería lo que hoy soy.

A mi amada esposa Rose Mary Caldero, llevas años fabricando conmigo y juntos nos queda mucho más por alcanzar. Gracias por estar dispuesta a aprender lo que sea para beneficio de la empresa, familia y hogar. Gracias por sacar lo major de mi y entregarte incondicionalmente para impactar vidas. Eres la mejor…

A mis hijos, Dr. Sammy, Dr. Jonathan y Joel (futuro ingeniero), por su paciencia, amor y por creer siempre en mi (ustedes son mi razón a seguir). Estoy sumamente orgulloso de ustedes.

A Melissa Santiago por su habilidad para leer, releer y volver a leer los capítulos, y por sobre todo mantener siempre el interés, el ánimo y la energía para compartir ideas y conceptos. A su esposo Jorge Rosado, por su amistad sin reservas y por su transparencia, siempre buscando pulirme y mejorarme como profesional y como persona.

A la Editorial Norma por haber lanzado la primera edición del libro en más de 18 países y por creer en el proyecto cuando era solo una idea.

A los cientos de escritores y mentores que me han brindado su sabiduría por medio de libros, consejos y ayudas personales. A todos ellos gracias, pues han dejado una huella muy profunda en mí.

Deseo agradecer, especialmente, a Dios, por su sabiduría infinita. Cada día que pasa me doy cuenta de que Él fue el primer fabricante que existió, y que continurá fabricando por siempre las bendiciones para la humanidad (gracias por ser mi amigo, mi consejero y sobre todo mi Salvador).

Indice

EPÍLOGO:

El concepto de cambio
volvió a cambiar...

Hace siete años comencé una misión. Cinco años antes (en el 1998) el libro *¿Quién se ha llevado mi queso?* planteaba el siguiente modelo para enfrentar el cambio: *"Si el queso de la productividad, familia, finanzas, relaciones, felicidad y energía se acaba, ve y busca queso en otro lugar".* En el 2003 decidí escribir, plasmar y enviar al mundo un nuevo modelo; un nuevo paradigma. Por medio del libro **¿Cómo fabrico mi queso?** contesté y elevé a otro nivel la fórmula para enfrentar el cambio. En aquel entonces me basé en la siguiente premisa: **"Si todos fabricamos, nunca se acabará".**

Docenas de miles de personas de múltiples nacionalidades, países, culturas e industrias aplicaron las enseñanzas presentadas en *¿Cómo fabrico mi queso?* y la fábrica comenzó a dar frutos y a producir empresarios. Recibí cientos y cientos de cartas, testimonios y casos de personas que tomaron la decisión de no esperar. En lugar de llorar porque alguien los movió, cambió o afectó, decidieron aplicar lo aprendido y crear. Personas de diversas culturas, países y continentes probaron en estos pasados siete años que lo enseñado eran principios de productividad y éxito. Recibí miles de mensajes que confirmaban cómo sus empresas, familias, proyectos y sueños se iban haciendo realidad. Comparto con usted algunas de estas historias en esta nueva edición.

Pero entramos a una nueva década, y con ella me doy cuenta que *el concepto de cambio, volvió a cambiar.*

Ya han pasado siete años desde que escribí el libro y el mundo ha cambiado drásticamente. Las necesidades, situaciones y retos que hoy enfrentamos son totalmente nuevas. La tecnología, la globalización, el calentamiento global, la crisis financiera, la caída de las grandes empresas, y los cambios en culturas y gobiernos, fuerzan a abrazar nuevas soluciones, herramientas, caminos, guías y procesos.

Por estas razones, llegó el momento de sentarme nuevamente en la mesa del autor. El concepto de fabricar, crear, producir y salir adelante está más vigente que nunca, y es necesario aprender y desarrollar una actitud empresarial. Hoy, es generalemente aceptado que su futuro depende de usted; que su familia, seguridad social y retiro tienen que autoforjarse, pero no nos han preparado para esto. Por décadas se ha preparado al profesional para buscar empleo. Sin embargo, en su búsqueda se encuentra con la realidad de un mundo donde cada día hay menos empleos. Pero hay más trabajo.

El concepto de *¿Cómo fabrico mi queso?* está más vivo que nunca en la historia, pero prepárese porque las soluciones, herramientas y pasos a dar han cambiado. No hay duda. El mundo volvió a cambiar.

Así que le invito a tomar nuevamente el capacete de fabricante. Si leyó el libro anterior, este está lleno de nuevos conceptos, ejemplos y guías. Si por primera vez se une al equipo de fabricantes en acción, bienvenido a la aventura de autocontrolar su futuro. Ya sea que trabaje por cuenta propia o tenga un empleo, que labore en un lugar pequeño o en una multinacional, este libro es para usted. El mundo necesita fabricantes. El mundo necesita personas que produzcan y creen nuevas soluciones, opciones y alternativas. El mundo necesita empresarios; personas que emprendan un nuevo futuro. Seas un empresario individual o corporativo, cuento con usted para hacer un mundo mejor.

Porque si todos fabricamos, nunca se acabará.

Introducción

Vivimos un mundo maravilloso. Tenemos la dicha de vivir en un nuevo siglo, el siglo XXI... un siglo de oportunidades, de grandezas, de logros y de maravillas sin par. Y sabemos que en los primeros años de este nuevo milenio el mundo evolucionará a una velocidad mucho mayor con relación a los inventos y los adelantos del siglo pasado. ¡Qué privilegio tener la oportunidad de vivir en esta época!

Hoy en día, con todas las oportunidades y la información que están disponibles, surgen muchas actividades, interrogantes, presiones y, en fin, muchos cambios. Vivimos en un mundo donde el cambio nos rodea. Vivimos con él. Y esto es así, queramos o no. El mundo no para.

El planeta gira a un velocidad de 1.200 millas por hora e inicia una nueva vuelta en su órbita cada 365 días. Gira en movimientos de rotación y traslación. No para, no nos espera, no descansa. No hay un solo momento en que el cambio deje de ocurrir. Lo grandioso es que todo este movimiento está ocurriendo ahora mismo, mientras usted lee este libro, sentado tranquilamente en su hogar o en su oficina. Aunque usted no lo perciba, aunque no esté mareado, ahora mismo, el mundo gira, se mueve y no para.

Así mismo, hay otros cambios, giros y movimientos que están sucediendo en este momento en el mundo económico, político, social, familiar, emocional, espiritual y financiero; en fin, en todos los aspectos de nuestra vida. Algunos son muy notables, otros tan imperceptibles como los movimientos del planeta Tierra. Lo importante es que estos cambios ocurren, afectan nuestra vida, nuestro diario vivir y, sobre todo, la vida de nuestra familia y la de nuestra descendencia.

De esa manera comencé mi libro ¿Cómo fabrico mi queso? en el verano del 2003. La idea era hablar sobre el cambio y brindar herramientas que apoyaran a individuos y corporaciones a adaptarse a los cambios que nos esperaban en el nuevo siglo. Pero tal y como establece el libro, el mundo cambió y volvió a cambiar.

Hoy, comenzando la segunda década del siglo XXI, encontramos que en los pasados diez años han caído creencias que eran aceptadas como absolutas, y se han creado nuevas tendencias comerciales, culturales, familiares e individuales. Antiguos paradigmas han sido sustituidos por nuevas tendencias. En esta nueva edición estudiaremos y desglosaremos algunas de estas tendencias e identificaremos cómo estas nos abren nuevas oportunidades. Creo que el cambio más grande que ha ocurrido en estos años y que será aún más marcado y latente en los años venideros es el cambio hacia el **"empresarismo"**.

En mis conferencias y consultorías con frecuencia comienzo preguntando: "¿Cuántos de ustedes son empresarios?" Normalmente el porcentaje de personas que se consideran empresarios es muy bajo, debido a que este término tradicionalmente se relaciona con ser dueño de negocio, establecer una corporación, tener locales, empleados, camiones, etc.

La palabra empresario se deriva del verbo emprender. Emprender significa comenzar, hacer, moverte, ACTUAR. Basado en esta definición, estoy convencido que el mundo necesita ser impregnado con la mentalidad de emprender; la mentalidad de empresarismo colectivo. No importa si trabaja para una farmacéutica, manufactura, el gobierno o la banca, todos debemos ser emprendedores. Pfizer no necesita miles de empleados, necesita miles de empresarios. Wal-Mart, Ford, Apple o cualquier empresa, no importa su tamaño, no necesita llenarse de empleados. Toda empresa necesita llenar su plantilla de producción con personas que entiendan el empresarismo corporativo.

Uno de los objetivos principales de esta nueva edición es despertar en usted el espíritu empresarial. Este libro pretende despertar el empresario que hay en usted, ya sea que trabaje por cuenta propia, comience a labrar su propio camino o trabaje en una empresa y tenga la responsabilidad de cuidar lo que le fue confiado como suyo.

Existen varios paradigmas empresariales, profesionales y personales que han cambiado totalmente en esta primera década del siglo XXI, entre ellos:

1. **Las empresas multinacionales son sólidas y eternas.**
   El libro *"Built to Last"* del reconocido autor Jim Collins presenta los elementos que hacen que algunas empresas sean sólidas y consideradas líderes "eternas" en sus industrias. El Sr. Collins lista principios comunes en empresas que llevaban décadas y hasta siglos de existencia, y que siempre existirán. Algunas de

estas empresas son: Citibank, GM y Hewlett-Packard, entre otras. No obstante, el nuevo orden económico se ha encargado de probarnos que el mundo cambió. Muchas de estas empresas han experimentado bajas enormes en sus ingresos, ganancias e infraestructura exigiendo cambios drásticos en sus modelos de negocios para garantizar su existencia.

2. **Para hacer dinero en grande, tienes que tener mucho dinero.**
   Muchas personas creen y aseguran que esa es la fórmula del éxito. Una y otra vez se nos repitió que *"dinero atrae dinero"*. Sin embargo, en esta nueva década han surgido múltiples historias de éxito y nuevas industrias que comenzaron con jóvenes empresarios sin capital ni apoyo económico. Sólo tenían una gran idea, pasión y coraje para cambiar el mundo.

3. **Mientras más conocimiento tienes, mayor será tu poder.**
   En el pasado las personas eran valoradas por su capacidad de demostrar cuanto sabían. Cada profesional trataba de dejar saber su vasto conocimiento en áreas específicas de su carrera y desarrollo profesional. Hoy en día existe tanta información disponible y los cambios en las industrias, carreras y profesiones son tan rápidos que el activo más grande que un profesional puede tener es su capacidad para desaprender y aprender nuevamente, además de su capacidad para adaptarse y reconocer qué área desconoce. Estas destrezas son vitales para continuar buscando, aprendiendo y creciendo. Anteriormente el conocimiento era sinónimo de poder. Hoy, la disposición de aprender, adaptarse y actuar es lo más poderoso que un profesional puede ofrecer a la sociedad económica. El poder no está en el saber, sino en el aprender, ajustar y rehacer.

4. **El fin justifica los medios, la ética puede redefinirse.**
   Uno de los cambios más trascendentales y dolorosos de esta pasada década fue ver cómo el mundo económico y social adaptaba sus definiciones éticas, morales y comerciales a conveniencia de sus necesidades para lograr resultados. Vimos industrias como la banca redefiniendo su modelo de negocios,

moviéndolo de un modelo de crecimiento sano y natural a uno de ganancias forzadas, antiéticas y llenas de artimañas para reportar ganancias temporales, lograr bonos personales y obtener el aval de la bolsa de valores. Aprendimos en esta década que las definiciones éticas, morales y de buenas prácticas de negocios siempre prevalecerán sobre los inventos, los movimientos por conveniencia o las soluciones desesperadas (o mal intencionadas) para lograr ganancias momentáneas.

Estas y otras tendencias y cambios económicos, familiares y hasta espirituales serán discutidas en esta nueva edición del libro *¿Cómo fabrico mi queso?*

Escribí este libro porque tenemos que aprender a vivir con un compañero inseparable: el cambio. Tenemos que aprender a aceptarlo, manejarlo, transformarlo y, sobre todo, ponerlo a producir a nuestro favor. En la vida, todos tenemos la responsabilidad de crear un mundo mejor para nosotros y para los nuestros. Por lo tanto, tenemos que enfrentar este gran reto viviendo en un mundo nuevo, un mundo excitante y un mundo altamente cambiante.

Este libro está inspirado en el libro escrito a finales del siglo XX, *¿Quién se ha llevado mi queso?* Un libro muy sencillo, corto y fácil de leer, en el que su autor, Spenser Johnson, muestra sabiamente, a través de una fábula muy amena, que el cambio está siempre presente a nuestro alrededor y que tenemos que aprender a vivir con él.

Johnson explica que *"el queso"* representa algo que todos queremos: un trabajo, un negocio, un medio de acción, una industria, incluso una familia. También indica, de manera muy sencilla, cómo debemos desarrollar la habilidad de percibir, darnos cuenta y reaccionar cuando el queso, eso que tanto queremos, está cambiando. Tenemos que aprender a reconocer cuándo se está acabando y reaccionar al identificar el momento de movernos a buscar queso en otro lugar.

Por último, Johnson explica las diferentes reacciones de las personas ante el momento en que el queso se acaba. Algunos, en cuanto notan la escasez del preciado queso, emprenden su camino en el "laberinto de la vida" para buscar otra estación de queso. Otros se niegan a ver la realidad de los cambios, deciden quedarse donde están y reclaman insistentemente que les sea devuelto aquello que siempre tuvieron. También hay personas que reaccionan entre estos dos extremos: algunas siguen inmediatamente a quien percibió el cambio, mientras que otras tardan en dejar atrás sus paradigmas y antiguos modos de pensar para salir a buscar más queso. La fábula es muy interesante y enseña mucho.

Ahora bien, actualmente vivimos en un mundo tan cambiante que la realidad que enfrentamos es la siguiente: el queso está escaseando en muchos lugares al mismo tiempo. Están ocurriendo múltiples cambios y, por lo tanto, debemos estar muy atentos a los lugares donde escasea el preciado queso. Sobre todo, debemos examinar si también se está acabando en el nuevo lugar al que llegamos.

Estoy convencido de que, en el juego de la vida, usted y yo tenemos que aprender, correr, meternos en el laberinto de la vida y buscar nuestro lugar con el fin de encontrar lo necesario para vivir. Fíjese que digo "vivir", no simplemente "sobrevivir".

Pero, ¿quién desea pasarse toda la vida corriendo en el "laberinto de la vida"? ¿Quién no ha pasado por la experiencia de encontrar una estación aparentemente abundante, para recibir la gran sorpresa de que también allí se está acabando? ¿Cuántos están viviendo en este momento la desagradable experiencia de la escasez en el lugar donde pensaban que habría abundancia para siempre? ¿Cuántos deseamos encontrar la estabilidad de un lugar donde podamos disfrutar de nuestro queso —nuestros deseos y nuestros sueños— sin tener la preocupación de que pronto se acabará? ¿Quién desea terminar su vida con diez trabajos, cinco matrimonios, poca estabilidad económica y otras crisis existenciales, buscando una estación de queso tras otra ya al final de su camino?

No pasemos toda nuestra existencia productiva corriendo de estación en estación por el laberinto de la vida, buscando el preciado queso de la felicidad, la abundancia y la tranquilidad emocional, física, mental y económica. Aprendamos, interesémonos y seamos parte de la fabricación en grande.

Llevo más de treinta años corriendo y produciendo en el laberinto de la vida, y he tenido la dicha de dirigir equipos de tecnología, servicios y ventas a nivel nacional e internacional para una de las empresas más grandes del mundo. Hace más de diez años tuve el privilegio de establecer mi propia empresa de consultoría corporativa y desarrollo de negocios virtuales. Estas dos experiencias me llevaron a viajar por diferentes países y continentes conociendo personas e interactuando con profesionales de todos los ámbitos culturales, profesionales y emocionales. He invertido décadas en el intercambio de información y en el estudio de lo que considero la obra más grande del mundo: EL SER HUMANO. A lo largo de todos estos años la experiencia me ha enseñado lo siguiente:

En el laberinto de la vida existen dos tipos de personas: los comelones y los fabricantes.

Los comelones son aquéllos que llegan todos los días a la estación de producción y simplemente realizan una labor, muchas veces repetitiva, y comen los días 15 y 30 de cada mes. Son las personas que llegan a un trabajo, una relación amorosa, una relación amistosa o un proyecto, y sólo buscan aquello que pueden obtener para sí mismas. Las preguntas que los comelones se hacen constantemente son: ¿Qué hay aquí para mí? ¿Qué puedo ganar? ¿Cuándo lo recibiré? ¿Qué puedo sacar y llevarme? Pero si algo he aprendido en todos estos años es que:

Si todos nos limitamos a sacar y no aportamos, inevitablemente se acabará.

Por otra parte, los fabricantes son aquellas personas que se preocupan por traer y aportar diariamente algo nuevo a la estación de producción. Saben cuál es su función en el proceso de fabricación, se interesan y buscan nuevas maneras para que nunca escasee lo deseado, y siempre encuentran abundancia, felicidad y progreso. Los fabricantes trabajan diariamente para que nunca falte crecimiento y logros en su profesión, su relación familiar, su salud financiera, su relación espiritual, su equilibrio emocional, su salud personal y demás aspectos de la vida. El gran mensaje de este libro (y de la vida en general) es:

Si todos nos preocupamos por ser parte de la fabricación, nunca escaseará.

Si entendemos y aplicamos lo que aquí se expone, podremos vivir en un mundo donde siempre habrá prosperidad para nosotros, para los que nos rodean y, más importante aún, para las generaciones venideras. Son nuestras decisiones, acciones, actitudes y hábitos los que nos llevarán a alcanzar una vida de prosperidad, logros y éxitos en abundancia.

En este libro encontrará habilidades, técnicas, sugerencias y experiencias que le servirán de guía en el proceso de convertirse en un fabricante de éxito. Recuerde:

Fabricar es nuestra responsabilidad.

Metodología de estudio

Toda construcción o fabricación conlleva tres etapas. Estas son: *planificación, construcción y mantenimiento.* Las tres son sumamente importantes porque de la excelente ejecución de cada una de ellas depende la permanencia y solidez de lo construido. Por esta razón dividí este libro en tres partes. La primera es la planificación. En ella encontrará los elementos a tomar en cuenta antes de comenzar a construir algo. Si no planifica antes de construir, existen muchas posibilidades de que no obtendrá lo deseado. La segunda parte del libro, la construcción, desarrollará en usted herramientas vitales para crear y producir en este nuevo orden económico y social. Finalmente, en la parte de mantenimiento, desglosaremos y desarrollaremos juntos, habilidades y principios de éxito para asegurar que lo obtenido no sea algo pasajero, sino que por lo que ha luchado fuertemente sea permanente y creciente.

En esta nueva edición se añadió un nuevo capítulo a cada una de las partes según su objetivo particular. Además, se modificaron y actualizaron varios de los ejemplos, fórmulas y recomendaciones de la primera edición, actualizando así los conocimientos y aprendizajes para asegurar una aplicabilidad inmediata de altura y actualidad. Le invito a disfrutar, desglosar y aprender de esta nueva versión de *"¿Cómo fabrico mi queso?".*

Aun en un mundo tan cambiante como el nuestro existen ciertos parámetros y filosofías antiguas que son aplicables toda la vida. En una ocasión escuché esta sabia teoría de aprendizaje enseñada por Confucio, el conocido filósofo chino:

Oigo y olvido | Leo y aprendo | Hago y entiendo.

Con el objetivo de hacer práctico este libro, utilizaré este antiguo método de enseñanza. Al final de cada capítulo, el lector encontrará los "Cimientos de Fabricación", postulados que le servirán como resumen de los conceptos básicos aprendidos. Después encontrará el "Mapa de Construcción" el cual incluye ejercicios y preguntas que le permitirán poner en práctica lo aprendido, identificarse personalmente y, por lo tanto, hacer suyo este libro. Al repasar los Cimientos de Fabricación y tomarse el tiempo para completar el Mapa de Construcción, usted contará con una guía práctica para alcanzar sus proyectos, metas, sueños y anhelos.

Para aprovecharlo al máximo, conteste las siguientes preguntas al final de cada capítulo:

- ¿Qué aprendí en este capítulo?
- ¿Cómo puedo aplicarlo inmediatamente?
- ¿Cómo aporta este capítulo un paso más en el proceso de convertirme en un fabricante permanente?

Le invito a tomar notas, subrayar y hacer de este libro un manual de desarrollo y un mapa de vida para convertirse en un fabricante en grande.

Dios dotó al ser humano con cuatro dones que lo hacen único y diferente al resto de los seres vivientes: el don de aprender, el don de analizar, el don de decidir y, sobre todo, el don de crear.

Amigo lector, vístase con el uniforme de fabricante y sea parte de la creación. Recuerde:

Si todos fabricamos, nunca se acabará.
El mundo necesita fabricantes como usted.

¡Bienvenido a la aventura de fabricar!

1ra parte
PLANIFICACIÓN

El fabricante...

...comienza su día con el pie correcto
...conoce claramente el concepto de 'valor'
...invierte sabiamente
...conoce los signos vitales
...conoce su ser
...conoce y abraza el cambio

Todos los procesos de fabricación comienzan con la planificación. En muchas ocasiones la planificación toma más tiempo que la construcción en sí misma, y ello debido a que cuanto más sólida sea la base (o zapata) del proyecto más segura será la construcción y más duradera será la estructura. Por tanto, en el proceso de fabricación de éxito es muy importante adquirir unas herramientas básicas que servirán para lograr una construcción firme y permanente. Disfrute esta primera parte del proceso, en la que se capacitará para convertirse en un fabricante en grande.

El fabricante,

comienza cada día con el pie correcto

E l ser humano tiene la dicha de vivir setenta, ochenta, incluso más de noventa años. Pero, ¿quién puede vivir todo ese tiempo a la vez? Nadie. Existimos, pasamos por esta vida todos esos años, pero en realidad vamos viviendo día a día, minuto a minuto, segundo a segundo. Y ese casi siglo que nos es dado para existir está dividido en tres grandes bloques de tiempo que todos tenemos constantemente a nuestra disposición.

PASADO   PRESENTE   FUTURO

Cada uno de esos bloques de tiempo tiene un propósito y un porqué. Analicémoslos.

Comencemos por el pasado: ¿Cuál cree usted que es el propósito principal del pasado? ¿Qué cree que debemos hacer con él?

El propósito del pasado es enseñarnos. Del pasado simplemente se aprende. Se aprende por las experiencias, las vivencias, los logros y los retos. ¿Se puede vivir el pasado?

Intente vivir el pasado. ¿Verdad que no puede? No puede repetir lo que ya pasó, no puede volver atrás. Durante toda la vida obtenemos experiencias y las analizamos con el fin de saber si repetiríamos lo vivido o no, pero no podemos volver a vivirlas, puesto que ya se fueron.

¿Conoce usted personas que viven en el pasado? Yo conozco muchas. Son personas que tratan siempre de revivir lo bueno o lo malo que ocurrió en alguna ocasión. Siempre quieren recordar, hacer referencia a un mundo mejor (o peor) que sólo existe en su mente.

**El fabricante sabe que del pasado se aprende,
pero que el pasado no se vive.**

Ahora bien, trate de vivir el futuro. Tampoco puede. Lo puede visualizar, lo puede planificar y, si desea, puede incluso dibujarlo, pero no lo puede vivir.

¿Conoce usted personas que viven en el futuro? Yo conozco muchas. Su vida siempre será mejor... cuando hagan esto o aquello. Son personas que viven en el mundo de algún día: "Algún día haré...", "Algún día comenzaré...". Yo los llamo planificadores eternos.

Utilice el poder del futuro. Visualícelo, planifíquelo, estúdielo, pero no lo viva. Simplemente no puede.

Lo único que nos es permitido vivir es el hoy. Ese hoy que usted y yo tenemos de frente y con el cual podemos hacer tanto, pero en ocasiones estamos tan ocupados tratando de vivir el pasado o el futuro que nos olvidamos de actuar en el presente.

Por eso, el fabricante comienza cada día correctamente, con una actitud correcta: la del ganador, el triunfador, la persona de éxito. El fabricante comienza su día feliz.

APRENDE del Pasado   **ACTÚA** en el Presente   **PLANIFICA** el Futuro

**El verdadero fabricante aprende del pasado y planifica el futuro,
pero vive solamente el presente y lo vive feliz.**

Hay una pregunta que todos tenemos que contestar varias veces al día, pero que por su simpleza y frecuencia casi siempre pasa desapercibida. A veces no nos damos cuenta de que más de diez o veinte veces al día contestamos la pregunta: "¿Cómo estás?" Cuando alguien nos saluda, cuando alguien nos ve, cuando saludamos a nuestra pareja en las mañanas o a un amigo que hace tiempo no veíamos, la pregunta automática que hacemos y contestamos es: "¿Cómo estas?" Durante los últimos años me he dedicado a observar y analizar las diferentes maneras en que las personas contestan esta pregunta tan frecuente. Algunas la contestan simplemente con una palabra: "Bien". Otras muy ingeniosas, la contestan con un comentario jocoso: "Como tres en un zapato", "Como sardina en lata", "Respirando porque es de gratis". Y así, existen cientos de frases que reflejan que se está viviendo por vivir. Otras personas reflejan desgano, desánimo o hasta queja: "Pues ahí", "No tan bien como tú", "Más o menos", "Sobreviviendo". Incluso la respuesta puede cambiar según el país y la cultura. En Venezuela dicen "Llevándola", y en República Dominicana, "Con la tapa arriba".

Hace unos años, cuando decidí tomar el control de mi vida y ser el creador y arquitecto de mi destino -cuando decidí convertirme en un fabricante-, adopté una respuesta que me haría comenzar cada día con el pie correcto. Desde entonces, cada vez que alguien me pregunta: "¿Cómo estás?", mi respuesta es siempre: **Feliz**.

Felices: así debemos comenzar todos los días.

Así debemos afrontar las situaciones, los retos y las responsabilidades que se nos presentan en nuestro único momento de vida: el día de hoy.

Decídalo. Es una decisión. Declárelo: "Hoy estaré feliz, hoy comenzaré el día feliz. Feliz por decisión no por situación. Feliz por opción no por circunstancias. Sin importar los retos que se presenten, los enfrentaré feliz."

Yo adopté este estilo de vida hace muchos años, y recuerdo que durante mis días de trabajo en la empresa bancaria (con la cual laboré durante dieciocho años), comencé a contestar la pregunta "¿Cómo estas?" con la palabra mágica "Feliz".

Al principio todos se extrañaban. Debería ver la cara de las personas cuando contestaba de esa manera. Algunos me preguntaban:

"¿Cómo puedes estar así?" Otros simplemente me miraban con cara de extrañeza, y otros muy honesta y hasta tristemente me decían: "¡Ojalá yo pudiera estar así!"

De lo que no se daban cuenta era que yo estaba feliz por decisión propia, y no como consecuencia de las circunstancias. Ahí está la diferencia. De esa manera, genuinamente, usted siempre puede contestar: "Feliz".

Piense en las bendiciones que Dios le ha dado hasta este momento y decida ser feliz. Piense en las personas que no pudieron levantarse hoy... y decida estar feliz. Piense en las personas que tienen retos más grandes que los suyos... y decida estar feliz. Piense en todo lo bueno, bello, maravilloso y grandioso que tiene (sus hijos, su familia, su trabajo, usted mismo...) y decida estar feliz.

Decida comenzar cada día con una declaración de felicidad y verá que algo maravilloso empezará a ocurrir.

Durante los últimos años que laboré para la empresa bancaria Citibank, tuve el privilegio de crear y desarrollar un departamento con un grupo de profesionales en el campo de las ventas. Poco a poco fuimos creando el equipo y con mucho entusiasmo comenzamos el proceso de conocernos, interactuar y asumir el reto de producir para nuestra empresa. Fue maravilloso ver cómo todos se fueron contagiando con el lema de ser felices. De repente, por toda la empresa, las personas que pertenecían al equipo de ventas externas se distinguían porque siempre estaban felices. A muchos les gustaba y se contagiaban, otros se resentían y hasta peleaban. Incluso un día nos reportaron al departamento de Recursos Humanos por ser demasiado felices.

Lo importante no eran las críticas o las alabanzas. Lo importante era que todos veían un grupo unido, enérgico y listo para salir a buscar, crear y producir. Diariamente nos levantábamos con una encomienda común: fabricar. Las preguntas diarias eran: ¿Cómo traigo queso a la estación? Es decir, ¿Cómo traigo nuevas cuentas? ¿Cómo brindo un mejor servicio? ¿Dónde encuentro un nuevo cliente? ¿Cómo suplo otra necesidad a mi cliente? Todos estábamos listos para producir, porque comenzábamos el día con el pie correcto. Comenzábamos el día...¡felices!

Ahora bien, si estamos convencidos de que todos deseamos la felicidad, ¿por qué no somos felices? ¿A qué razones se debe el hecho de que el preciado queso de la felicidad no sea alcanzado? Yo diría que hay cinco razones para que esa preciada y deseada felicidad no se alcance plenamente: (1) falta de definición, (2) falta de enfoque, (3) falta de valores, (4) influencia negativa (o costumbre) y (5) desequilibrio humano.

1. Falta de definición

Muchas veces no somos felices porque no nos hemos tomado el tiempo para definir esa felicidad. ¿Qué es la felicidad? Definitivamente, no es lo mismo para todo el mundo. Sabemos que es diferente para cada ser humano. Por lo tanto, la gran pregunta que usted debe contestar es: "¿Qué es la felicidad para mí?"

No menosprecie este momento de definición. Precisamente por esa razón pocas personas son felices, por no tomarse el tiempo para definir la felicidad. Tómese su tiempo. Piense, analice, busque, escudriñe. Pregúntese: "¿Qué es la felicidad? ¿Cómo la defino? ¿Qué es mi felicidad?" Sólo después de definirla podrá saber que la encontró.

2. Falta de enfoque

La falta de enfoque es la causante de muchos males. Algunas personas logran definir la felicidad, logran encontrar lo que les da un estado de alegría, de logro, de autorrealización. Pero aunque tienen muy claro qué las hace felices, le dedican mucho tiempo a cosas que no tienen nada que ver con esa definición. Y, lo que es peor aún, malgastan el tiempo en cosas que disminuyen o las alejan de la posibilidad de alcanzar eso que han definido. Por lo tanto, no basta definir la felicidad. Es necesario enfocar y concentrar todos los esfuerzos, los planes y las acciones hacia su realización. En el mundo actual, donde tenemos una sobreoferta de información y donde los medios de comunicación, prensa y promoción intentan llamar nuestra atención constantemente, es imperativo y crítico enfocarse en lo que busca y anhela y que le hará feliz y pleno.

3. Falta de valores

La definición de los valores culturales sirve para establecer y mantener el orden social. Los gobiernos, la ley, las instituciones, la educación, los lenguajes y muchas otras cosas se pautan y se rigen por valores establecidos. Hay algunos valores que podemos identificar como universales, lo que significa que trascienden las barreras de tiempo, cultura e idioma. Conceptos como el servicio, la paz, la unidad, el respeto, la hermandad y la unión familiar, son ejemplos de valores universales probados por el tiempo. Otros van surgiendo de acuerdo con la evolución de las sociedades y las culturas.

Lo que es realmente importante es que usted se tome un tiempo para identificar cuáles son sus valores. Antes de comenzar la travesía de la fabricación, es de suma importancia que defina qué le es permitido hacer y qué no. Las preguntas que debemos hacernos en todos los ámbitos de la vida son: ¿Hasta dónde puedo llegar? ¿Qué considero correcto y qué no? ¿Qué paso fortalece mi ser y qué decisión puede debilitar mi identidad?

Muchas personas no son felices por la falta de definición de estos valores o estas reglas que rigen su ser interno y, por lo tanto, constantemente están rompiendo sus barreras, límites y creencias internas. Estas personas viven la vida infelices y no pueden entender ni explicar por qué. Sin embargo, el problema estriba, simplemente, en la falta de una definición clara de sus valores personales.

4. Influencia negativa o costumbre

El vocabulario, el pensamiento y las acciones de connotación negativa influyen negativamente en el estado de ánimo, en la actitud y en la disposición a la felicidad. Las personas que incurren en esta costumbre hacen constantemente declaraciones que denotan descontento e infelicidad. Cuántas veces ha estado involucrado en una conversación casual donde se cuenta algo negativo o una gran calamidad que ha ocurrido y una persona expresa: "A ti no te ocurrió nada. ¡A mí sí que me pasó...!" Hoy en día es un orgullo el ganar el "concurso de depresión colectiva".

Uno de los conceptos más estudiados hoy en día en lo que concierne al comportamiento humano y la programación mental es la programación neurolingüística (PNL), y existen numerosos libros y estudios al respecto. En esencia, esta ciencia estudia la estructura de nuestras acciones y experiencias, basándose en:

- La manera como creamos nuestro propio mundo interior de acuerdo con lo que vemos, oímos, hablamos y sentimos.
- La manera como el mundo interior que nosotros mismos hemos creado se traduce en experiencias, acciones y actuaciones que, a su vez, definen cómo vemos, oímos y sentimos la vida.

Si analizamos lo anterior, comprenderá que se trata de un ciclo: con base en lo que usted ve, oye y siente, creará un mundo que posteriormente controlará lo que vea, oiga y sienta. Más adelante hablaré en detalle sobre la programación mental y su importancia para la fabricación, pero, por el momento es importante que sepa que cuando usted se habla a sí mismo en voz alta o mentalmente, está programando su mente y, por ende, está controlando su manera de actuar.

Hay personas que hablan siempre de lo mal que están ellas o las cosas en general. En muchas ocasiones esto no lo hacen motivadas por su propio deseo, sino por la asociación con otras personas que tienen la misma programación mental. Todas estas personas conforman el grupo de la infelicidad colectiva. ¡Salga de ahí! Tome el control de sus emociones y comience tomando control de todo aquello que influye en usted: amigos, prensa, medios de comunicación, música y otros medios que influyen de forma positiva o negativa en su pensamiento. Sea custodio celoso de lo que entra a su mente.

5. Desequilibrio humano

El ser humano es un ser trino: es espíritu, alma y cuerpo. Así fue creado. Estas tres áreas del ser humano controlan numerosos aspectos de su vida y cumplen diferentes propósitos. Cada una de ellas tiene una razón de ser específica.

- *El espíritu* es la parte del ser humano que se comunica con todo lo espiritual. Gracias a él contestamos muchas interrogantes que nos plantea la vida, y gracias a él, surgen también muchas otras. Es lo que nos une a ese ser supremo que es Dios.

- *El alma* es la parte que maneja los aspectos emocionales del ser. Gracias a este componente sentimos, amamos, nos expresamos y compartimos. Es lo que nos une a otros seres humanos.

- *El cuerpo* es la parte material del ser. Controla y regula nuestras necesidades físicas, fisiológicas y materiales. Es lo que nos une a la Tierra.

Para ser plenamente felices, tenemos que aprender a establecer un equilibrio entre estas tres áreas de nuestra vida. Si dedicamos demasiado tiempo, esfuerzo y pensamiento a una de estas partes y descuidamos las otras dos, no podremos ser felices. Si todo nuestro enfoque es material (*cuerpo*), pero descuidamos nuestro desarrollo espiritual (*espíritu*) y emocional (*alma*), no seremos felices. Si, por el contrario, todo nuestro enfoque está en el desarrollo de la parte emocional, pero descuidamos suplir las necesidades materiales y espirituales, tampoco podremos ser felices. Por último, si todo nuestro desarrollo es espiritual, pero descuidamos las necesidades físicas y emocionales tanto de nosotros como de los que nos rodean, la felicidad nunca llegará.

Hace un tiempo participé en un seminario en el que aprendí una fórmula mágica que me ayuda a implementar esta actitud en la vida. El orador explicó cómo debemos comenzar todos los días con lo que él llamó el *ABC de la vida*. Desde entonces, lo aplico todos los días, y ocurren cosas maravillosas. El ABC de la vida se aplica de la siguiente manera:

A = Agradecer
B = Bendecir
C = Comprometerse

Comience el día agradeciendo todo lo bueno, bello y maravilloso que ha ocurrido en su vida. Agradezca el pasado y estúdielo para aumentar su aprendizaje. Obtenga provecho de la labor específica que tiene la vida: enseñar. Le aseguro que ella siempre, siempre, siempre cumplirá su labor. No importa lo que ocurra, la vida le enseñará. Ahora bien, nosotros tenemos una labor específica en la vida: aprender. Está en nosotros aprender de las experiencias y aplicar este aprendizaje en el futuro. Lamentablemente, hay personas a las cuales la vida, en cumplimiento de su labor, les enseña; pero ellas no cumplen su labor de aprender. Es por ello que repiten y repiten las experiencias no agradables. *"Lecciones no aprendidas, lecciones repetidas"*. Agradezca siempre lo ocurrido y aprenda de ello. Sólo así podrá decir: *"Lecciones aprendidas, lecciones concluidas."*

Luego, bendiga su futuro. Bendiga lo que quiere, lo que desea, aquello por lo que está trabajando día a día. Bendiga en grande, no se limite. Bendiga su salud, su familia, sus finanzas, sus planes. Bendiga todo lo que desea que ocurra. Hágalo de manera positiva, con expectativa de ganador. Si desea algo (un auto, un hogar, un aumento, salud, energía, amigos), bendígalo cada mañana y verá cómo se desata el poder del universo y de su subconsciente para lograr esas bendiciones. Hágalo, pruébelo. Le maravillará el resultado.

Finalmente, comprométase a trabajar. Comprométase a lograr, a crear, a no esperar que otro haga. Comprométase a fabricar. Su compromiso es con el presente, con este momento que Dios le regala, con las próximas 24 horas en las cuales dará el máximo para lograr cada una de esas bendiciones. Comprométase consigo mismo a dar lo mejor de usted: a utilizar este momento que Dios le ha dado para fabricar.

> **Agradezca** el pasado,
> **Bendiga** el futuro y
> **Comprométase** en el presente.

Por años he comenzado mis seminarios hablando del principio aquí expuesto. He retado a los participantes a que comiencen el día con la declaración de felicidad y que lo expresen a sus familiares, amigos y clientes. Sus experiencias son incontables. Muchos cuentan cómo sus familiares se extrañan de su respuesta. Recuerdo una persona que me contó que su esposo, al escuchar su respuesta de felicidad, llamó a la hija porque pensaba que ella estaba enferma.

Una de las más dramáticas y de más enseñanza, ocurrió en una empresa de banca a la que ofrecimos un seminario de ventas y servicio al cliente. El primer día reté al equipo de servicio a adoptar la respuesta "feliz" con sus clientes. Con un poco de temor, escepticismo y recelo, aceptaron hacerlo. La próxima semana, una de las participantes me contó que cuando llegó un cliente particular y ella contestó la pregunta "¿Cómo estás?" con la nueva respuesta "feliz", el cliente le dijo: "Hipócrita". Ella quedó perpleja y no supo qué contestar. Al contarme el incidente mi respuesta automática fue: "Comenzó la guerra". La joven me miró extrañada por mi respuesta, por lo que inmediatamente le pregunté, ¿Te atreves contestar "feliz", no importa la respuesta de la persona? La joven tímidamente acepto el reto. Unas semanas más tarde, me comentó que el cliente fue varias veces y siempre la respuesta de ella fue la misma: "feliz", y la del cliente fue negativa, ruda y escéptica. Aún así, ella mantuvo su compromiso. Un día, varias semanas más tarde, el cliente llegó y le pidió inmediatamente a la joven cajera que le preguntara cómo estaba. La joven lo miró extrañada, pero accedió y le dijo: "Señor cliente, ¿Cómo está usted hoy?" A lo cual el cliente respondió con una gran sonrisa: "¡Feliz!" Ese día la joven cajera no solamente había ganado la guerra, sino que aprendió una gran lección.

En el juego de la vida, usted se enfrentará todos los días a esa guerra entre lo negativo y lo positivo. Persista, mantenga su propósito claro y comience feliz cada día con el ABC de la vida. Y cada vez que alguien le pregunte "¿Cómo estás?", contágielo con la respuesta de los fabricantes en grande: "¡FELIZ!".

Cimientos de
FABRICACIÓN

1. Aprenda del pasado, visualice el futuro y viva sólo el presente.

2. Sea feliz por decisión propia, no por la situación.

3. Evite los ladrones de felicidad:
   • Falta de definición
   • Falta de enfoque
   • Falta de valores
   • Influencia negativa o costumbre
   • Desequilibrio humano

4. Aplique el ABC de la vida:
   • Agradezca el pasado
   • Bendiga el futuro
   • Comprométase en el presente

5. Haga su declaración de felicidad diaria y comience su día con el pie correcto... feliz.

Mapa de
CONSTRUCCIÓN

¿Qué áreas de mi vida representa el queso para mí?
Escriba todas las áreas que son importantes para su felicidad integral.
Piense en su vida espiritual, laboral, personal, financiera, emocional,
sentimental y profesional.

_____
_____
_____
_____

¿Qué bendiciones puedo identificar en cada una de esas áreas?
Piense en logros, posesiones, relaciones, metas alcanzadas, etcétera.

_____
_____
_____
_____

¿Qué cosas me roban la felicidad diaria en cada una de esas áreas?

_____
_____
_____
_____

¿Cuáles de estos inconvenientes puedo resolver inmediatamente?

_____
_____
_____
_____

¿Qué aspectos de la vida, alimentan mi felicidad?

_____
_____
_____
_____

Mapa de
CONSTRUCCIÓN

¿Qué cambios tengo que hacer en mi vida diaria para poder vivir con felicidad plena? Piense en el espíritu, en el alma y en el cuerpo.

_____

_____

_____

_____

¿Cómo implementaré el ABC de la vida en mi diario vivir?

_____

_____

_____

_____

El fabricante,
conoce claramente el concepto de 'valor'

Uno de los conceptos menos entendidos es el concepto 'valor', comúnmente confundido con 'costo'. Lo mismo ocurre con los términos 'barato' y 'económico'. Vivimos en un mundo en el que la palabra 'costo' se utiliza todo el tiempo: "¿Cuánto cuesta esto? ¿Cuánto cuesta aquello? ¿Cuál es el costo de este artículo?" En fin, todo se mide con base en el costo.

Durante los años que laboré en la banca, una de mis responsabilidades era conseguir aprobaciones para diversos proyectos. El primer proyecto grande que asumí fue la remodelación de la sucursal principal del país, con un costo de más de un millón de dólares. También trabajé en proyectos de implementación de nueva tecnología, desarrollo de nuevos departamentos, y otros con inversiones multimillonarias. Todos tenían que ser aprobados por medio de un proceso interno, largo, detallado y hasta tedioso. Aun así, muchos de estos proyectos se hicieron realidad.

Un día, un amigo me detuvo y me preguntó: "Sammy, ¿cómo consigues la aprobación inmediata para proyectos de cientos de miles y hasta millones de dólares, y nosotros no conseguimos aprobación para proyectos de inversiones mucho menores?"

Miré a mi amigo y rápidamente me di cuenta de que él no conocía el concepto real de 'valor'. Para encaminarlo por un proceso de aprendizaje, le pregunté:

- "¿Qué es más económico, algo que cuesta un dólar o algo que cuesta un millón de dólares?"

Así como contestaría la mayoría de las personas, respondió:

- Lo que cuesta un dólar.

- Bien respondí. Ahora te pregunto, ¿Si te vendo un pedazo de papel higiénico, no todo el rollo, sino una hora suelta, a un dólar, es caro o económico?

- Demasiado caro, me respondió inmediatamente.

- Bueno, y si por el contrario puedes comprar un avión privado marca Boeing, nuevo y totalmente equipado, por un millón de dólares, ¿es caro o económico?

- Obviamente, es sumamente barato, me respondió.

- Esa es la clave para conseguir las aprobaciones: no mires las cosas por su costo, sino por su valor. El valor del pedazo de papel higiénico está muy por debajo del dólar pedido, por eso el costo es muy alto para su valor. Por el contrario, el valor de un avión privado marca Boeing es mucho más alto que el millón de dólares requerido, por lo tanto, el valor está por encima del costo. La razón por la cual no te aprueban los proyectos es porque presentas proyectos cuyo costo está por encima del verdadero valor. Yo no presento proyectos que cuestan un millón de dólares. Presento proyectos que traerán diez millones. No es lo mismo pedir aprobación para gastar un millón y medio de dólares en una nueva localidad, que presentar un plan de acción para establecer una sucursal que traerá sesenta millones de dólares en volumen en los próximos cinco años, y que superará con creces la inversión inicial propuesta. No te enfoques en lo que cuesta, sino en lo que producirá, y así siempre te aprobarán tus proyectos.

No se enfoque en el costo, sino en el valor.
Lo importante no es lo que cuesta.
Lo verdaderamente importante
es lo que producirá.

¿Y qué tiene que ver esto con el mundo en el que vivimos diariamente? En el mundo de hoy todo se mira con base en el costo. Pero si usted desea ser un fabricante en grande, comience a mirar las cosas con base en su valor, su valor real. Pregúntese: ¿Qué me producirá realmente? ¿Qué ocurrirá si sigo este camino? ¿Qué ocurrirá si no tomo esta decisión? ¿Cuál es el costo de oportunidad? ¿Qué estoy perdiendo? ¿El costo de no hacerlo es mayor al costo de fallar?

Todos deseamos que nuestras inversiones y decisiones nos lleven a situaciones en las que el valor aumente. Es natural que deseemos valorarnos más. Entonces, ¿por qué no les damos a las cosas su debido valor? Existen varias razones:

1. Falta de información

El primer paso para conocer el valor de algo es conocer su valor. Sí, parece una redundancia, pero es crucial adquirir un poco de conocimiento de lo que se está valorando para poder estimar su valor futuro. No importa lo que sea, un proyecto, un hogar o un negocio, lo primero es obtener información sobre la industria, la vecindad y los compañeros de trabajo.

Tomemos como ejemplo el proceso de adquisición de una vivienda. El primer paso es la valoración o tasación de la propiedad. Si consideramos solamente el proceso de valoración, éste comienza por establecer el valor actual de la propiedad en el mercado. Con este fin se recurre a expertos en el área de valoración de propiedades para obtener el valor justo y verdadero. Estos expertos, a su vez, recurren a lo que ellos llaman "comparables", (propiedades similares que han sido recientemente adquiridas en el área). Ellos analizan el valor inicial de dichas propiedades y el valor actual de adquisición y, con esa base, asignan un valor a la propiedad. Incluso pueden predecir el valor futuro de la propiedad basándose en dos datos muy importantes: el crecimiento del valor probado por la experiencia y la proyección del crecimiento de acuerdo con las tendencias.

No importa el tipo de proyecto que usted esté desarrollando, ya sean nuevas sucursales para su empresa o ese negocio que siempre ha soñado, busque la información correcta entre las personas correctas. Este paso le ayudará a valorar correctamente su proyecto.

2. Falta de visión

La segunda razón por la cual las personas no valorizan correctamente, es por padecer de visión a corto plazo. En gran medida esto se debe a que cada día estamos viviendo más en lo que llamo la "sociedad del microondas". Nos hemos acostumbrado a que todo se puede obtener rápido. Tenemos comida rápida, crédito rápido, entretenimiento rápido, relaciones rápidas, acceso rápido a todo tipo de información; en fin, todo lo deseamos inmediatamente. Pero para valorar algo no basta con una mirada rápida y superficial. El proceso de valoración conlleva un estudio previo y un ejercicio de visualización a largo plazo. La valoración de un proyecto, un objeto, una propiedad o una relación se ve afectada directamente por el tiempo que transcurre. Por lo tanto, para poder valorar algo es necesario permitir que el tiempo pase. Proyecte su visión y su objetivo a uno, tres, cinco y diez años, y haga el mayor esfuerzo por cuantificar y valorizar lo que tendrá entonces. Sea honesto en el análisis. Cuidado con ser demasiado optimista y sobrevalorar lo que está evaluando, o ser muy pesimista y subvalorar el resultado futuro. Si fuera necesario, busque a alguien con experiencia que pueda ayudarle a llegar a la realidad esperada, pero es sumamente importante que visualice a largo plazo lo que desea. Cuando se tiene visión, uno puede ver los resultados antes que otras personas. Eso es lo que le dará oportunidades y ganancias futuras en grande.

3. Temores y miedos

Sigmund Freud, padre del psicoanálisis, enseñaba que hay dos motivos principales que mueven al ser humano: el placer o el temor. Por lo tanto, debemos entender que el temor es un sentimiento común y normal en todo ser humano. Para fabricar es sumamente importante entender que el fabricante no carece de temor, simplemente aprende a manejarlo a su favor.

En muchas ocasiones no nos atrevemos a mirar el futuro y valorizar lo que será el proyecto, el negocio, la tarea o la relación que deseamos, debido a que tenemos temor a lo desconocido. Existen dos factores que ayudan a disminuir el temor a lo nuevo: la información y la acción. Mientras más información y conocimiento profundo vaya adquiriendo de eso que se propone comenzar, sentirá menos temor.

Para disminuir el temor y los miedos también es necesario emprender la acción. En su libro *Pensar en grande: la magia del éxito*, David Schwartz menciona una de las frases más poderosas que existen para alcanzar las metas: "La acción cura el miedo". ¡Cuánta verdad hay en esta frase!

La verdad es que todo lo que hemos logrado en la vida y por lo cual nos podemos sentir orgullosos, en un principio nos dio temor. Si pensamos en el hecho de poder andar con nuestros pies, lo que hoy nos parece algo muy sencillo, inicialmente nos produjo una profunda sensación de temor. Cosas más complejas como nuestro primer día de escuela o nuestro primer día de trabajo, nos causaron temores, preguntas y dudas que hoy ya no nos aquejan. ¿Por qué desaparecieron las dudas y los temores? Porque no nos quedamos con ellos y decidimos emprender la acción por encima del temor. Recuerde siempre este principio del éxito: "La acción cura el miedo".

4. Falta de preparación para la oportunidad

Cuando tenía 26 años, una persona me dio la definición correcta de la palabra "suerte". En aquel entonces yo dirigía varios proyectos para establecer nuevas sucursales bancarias en diversos lugares del país, además de otros proyectos de productividad operacional. Justo en esa época comencé a poner en práctica la visualización a largo plazo ya que se me había exigido proyectar resultados futuros con base en tendencias históricas. Hasta cierto punto, siempre que vemos hacia el futuro existe un grado de especulación. De hecho, siempre habrá factores por evaluar, posibilidades de que los eventos cambien y que, por lo tanto, no obtengamos el resultado esperado. Es normal entonces que cuando miramos al futuro, deseemos que la suerte esté con nosotros. Precisamente en esos primeros años de aprendizaje, uno de mis mentores corporativos me dio su definición de la palabra suerte: "Suerte es el momento en que la preparación y la oportunidad se unen". ¡Cuánta verdad encierra esta definición!

Tengo una amiga que hace quince años decidió mudarse a Nueva York. Como cualquier cambio, esa decisión implicó realizar varios ajustes físicos, emocionales y financieros. Siempre habíamos hablado de pasar unos días juntos en la gran ciudad, para compartir y visitar museos, teatros y lugares históricos.Pues bien, un día visitando la Gran Manzana, compartí un rato con mi amiga Mirtha. Ese día no solo fuimos a lugares bellos e históricos de la ciudad, sino que terminamos el día muy gratificante con una visita a su casa en Nueva Jersey.

En ese lugar, sólo cuatro años antes, Mirtha había adquirido una propiedad de tres apartamentos muy cómodos y espaciosos. Ella describió cómo fue el proceso de adquisición cuando se dio la oportunidad de compra. Debido a múltiples factores, el edificio se pudo adquirir por la cantidad de 168.000 dólares. Aunque requería algunos arreglos, Mirtha se asesoró correctamente con amigos y expertos en el área y procedió a adquirir la propiedad de inmediato. Después de realizar los arreglos necesarios en la infraestructura, invirtiendo unos 100.000 dólares, el edificio quedó debidamente alquilado, produciendo una entrada de capital recurrente a su bolsillo. Lo impresionante de esta historia es que solamente unos cuatro años después de la compra, el edificio estaba valorado en 700.000 dólares. Eso significa que, en un corto período de tiempo, Mirtha casi ha triplicado su inversión inicial y tiene un activo que le produce dinero mensualmente.

Finalizada la velada en la casa de mi amiga, fuimos a caminar por las calles de Nueva York y compartimos unos deliciosos postres. En ese momento, Mirtha comentó que pasó muchos años preparándose, ahorrando y buscando este tipo de transacción. Definitivamente fue muy bueno que se diera la oportunidad correcta para la inversión, pero fue mejor aún el hecho de haberse preparado anteriormente, ahorrando y capitalizando su dinero para cuando surgiera una oportunidad como ésta. En el momento en que se puso en venta la propiedad, cualquier otra persona de la ciudad de Nueva York habría podido adquirirla, pero sólo la compró quien vio la oportunidad y estaba preparada para aprovecharla.

Si usted ya tiene la información correcta, ha visualizado lo que desea, ve a largo plazo el posible resultado y está dispuesto a emprender la acción, pero no está preparado para cuando llegue la oportunidad, no podrá capitalizar el valor real de sus proyectos y sus metas. Invierta tiempo en prepararse correctamente. Vale la pena.

5. Patrones establecidos

El ser humano es un ser de patrones y hábitos. Esto significa que una vez comenzamos a hacer algo, lo perpetuamos en nuestra conducta diaria. Hay personas que tienen el hábito de dejar pasar las cosas, ver el costo de todo y caer en la trampa del "Si yo hubiese hecho..." Estas personas están destinadas a pasar toda su vida repitiendo palabras de arrepentimiento como "Pude haberlo hecho..." o "¿Qué hubiese pasado si yo...?"

Todos estos actos repetitivos crean patrones de comportamiento. La mala noticia es que estos patrones rigen nuestra vida y nos llevan "en automático" a perder oportunidades. La buena noticia es que los patrones y los hábitos son transformables. Así como se crearon se pueden destruir y cambiar; simplemente requiere conciencia y disciplina. Una vez un amigo me dijo: "Sammy, más vale estar sonrojado una vez en tu vida que pasar toda la vida descolorido". Esto significa que en ocasiones repetimos y repetimos la misma rutina sin atrevernos a actuar, cuando sólo vemos el costo y no el valor.

Tome la decisión de romper con los patrones que limitan su visión y comience a ver el verdadero potencial en sus proyectos, sus planes y sus relaciones. En su camino de fabricación, ensaye cosas nuevas, evalúe los verdaderos beneficios de crear, de hacer, de arriesgarse, de desarrollar al máximo ese ser creativo que Dios puso en usted. ¡Atrévase! ¡Usted puede! ¡Vale el esfuerzo!

Si va a comenzar algún proyecto, algún negocio u otro plan de vida, analice cuánto producirá, cuál será el valor añadido que obtendrá y si el valor añadido sobrepasa en grande el costo inicial. Si es así, siempre triunfará en sus proyectos. Sólo entonces entenderá el segundo principio de los fabricantes en grande...

Enfocarse en el valor de las cosas y no en el costo le permitirá alcanzar metas que sólo los fabricantes alcanzan.

Mapa de
CONSTRUCCIÓN

1. No se enfoque sólo en el costo, enfóquese en el valor.

2. Lo importante no es lo que cuesta, lo verdaderamente importante es lo que producirá.

3. ¿Por qué la tendencia a fijarse en el costo en lugar del valor?
    - Falta de información
    - Falta de visión
    - Temores y miedos
    - Falta de preparación para la oportunidad
    - Patrones establecidos

4. Sólo al enfocarse en el valor y no en el costo, alcanzará metas reservadas para los fabricantes en grande.

Cimientos de
FABRICACIÓN

¿Cuáles son los proyectos que estoy planificando, comenzando o realizando en este momento?

_____
_____
_____
_____

¿Cuál es el valor real de cada uno de estos proyectos?

_____
_____
_____

¿Cuáles son los proyectos de vida que siempre he deseado realizar y no lo he hecho por evaluar solamente el costo?

_____
_____
_____

¿Cuál es el valor real de esos proyectos? ¿Qué valor traerán a mi vida, a la empresa, a mi familia, a la comunidad, a mi país?

_____
_____
_____
_____

¿Cuál es el valor real de no comenzar hoy estos proyectos?

_____
_____
_____

Cimientos de
FABRICACIÓN

¿Puedo identificar cuál es el costo de oportunidad?

_____

_____

_____

¿Qué proyectos me comprometo a comenzar inmediatamente?

_____

_____

_____

¿Qué personas me pueden ayudar a obtener el verdadero valor de mis proyectos? ¿Qué entidades debo visitar o qué industria debo estudiar para valorar correctamente mis proyectos?

_____

_____

_____

¿Cuál es el plan de acción que debo seguir para hacer realidad estos proyectos? (Divida su plan de acción en pasos: a plazo inmediato [uno a tres meses], corto plazo [tres a doce meses], mediano plazo [uno a cinco años] y largo plazo [cinco a diez años].

_____

_____

_____

¿Qué pasos seguiré para añadir valor constante a mi empresa, mi familia, mis amigos, mi salud, mi intelecto, mi actitud y mi relación espiritual?

_____

_____

_____

El fabricante,
invierte sabiamente

Todos invertimos constantemente. Es más, me atrevo a decir que todos somos inversionistas. Pero tal vez usted estará pensando: "No todos pueden ser inversionistas. No todos tienen capital o dinero para ser catalogados como inversionistas". De hecho, en los Estados Unidos se cataloga a una persona como inversionista cuando su valor real de activos en inversiones sobrepasa los cien mil dólares. Aun así, yo insisto en que todos somos inversionistas.

Invertimos tiempo, energía y dinero. Todos tenemos 24 horas al día, 1.440 minutos y 86.400 segundos que Dios nos regala cada día. La pregunta del millón es: ¿Cómo estoy invirtiendo ese tiempo? Es decir, ¿qué valor obtengo por cada una de esas horas, esos minutos o esos segundos? ¿Estoy multiplicando o disminuyendo la inversión?

Hace un tiempo, en un libro maravilloso titulado: "La lámpara mágica", de Keith Ellis, leí que existen dos tipos de tiempo: el tiempo vertical y el tiempo horizontal. El tiempo vertical es el que tenemos disponible en un día. Es el número de horas que estamos dispuestos a dedicar a alguna tarea durante un día, y es el único tiempo con el cual contamos para ejecutar. Este tiempo, cuyo máximo es de 24 horas (no más, no menos), es vital para el proceso de crear, que es lo principal en la vida: crear mejoría, crear abundancia, crear felicidad, en fin, crear y producir diariamente. Durante ese tiempo vertical (24 horas) es posible lograr muchas cosas. No tantas como las que se pueden lograr a largo plazo, pero sí es posible emprender cambios y procesos para empezar a moverse hacia una meta final.

Con el paso de los años y al estudiar al ser humano, he encontrado que muchos de nosotros sobrestimamos lo que se puede lograr en el tiempo vertical. Por ejemplo, un alto ejecutivo de una empresa multinacional, a quien brindo consultoría personal, tiene múltiples responsabilidades y tareas por cumplir. Todas ellas debidamente registradas en su agenda electrónica. Lo peculiar es que él tiende a imponerse mantener más tareas de las que es posible lograr en el tiempo vertical. Por lo tanto, siempre tiene la sensación de que no progresa en lo que se ha propuesto. Este ejecutivo se impone metas muy altas para esas 24 horas. Siempre que prende su agenda electrónica recuerda las diez, doce o quince tareas que no ha completado y que están atrasadas. Tiende, pues, a sobrestimar lo que puede lograr en el tiempo vertical y anda frustrado porque no puede alcanzar sus objetivos.

Hablemos, entonces, del tiempo horizontal. El tiempo horizontal

se mide por el número de días, semanas, meses, años y décadas que uno está dispuesto a dedicarle a una tarea, un proyecto o una actividad determinada. La extensión de este tiempo puede variar desde unos cuantos días hasta la vida entera. Es normal que el ser humano sobrestime lo que puede hacer a corto plazo y subestime lo que puede lograr a largo plazo. Sobrestimamos los eventos, pero subestimamos el proceso. Sobrestimamos el precio, pero subestimamos el premio. Sobrestimamos la suerte y subestimamos el trabajo duro y arduo. Por lo tanto, es mucho lo que el fabricante puede lograr, si mantiene el foco en el largo plazo y utiliza el corto plazo simplemente como un método para actuar, aprender, ajustar y avanzar. El tiempo horizontal es muy valioso por que cuenta con un factor que denominaré tiempo en interés compuesto.

En los años que laboré en la banca aprendí que existen dos tipos de intereses: el interés simple y el interés compuesto. En el interés simple la persona capitaliza el dinero cuando recibe un ingreso adicional, pagado por el banco, sobre el principal que aportó. Es decir, el banco siempre le pagará intereses con base en el aporte principal a la cuenta. El interés compuesto, en cambio, le pagará intereses sobre el capital acumulado al final de cada período. Esto quiere decir que esta persona capitalizará sobre el capital y los intereses ganados durante cada período de pago.

Veamos un ejemplo numérico. Si usted abre una cuenta bancaria y aporta 2.400 dólares al año durante un período de 25 años, habrá aportado la cantidad de 60.000 dólares al principal de su cuenta. Supongamos que la inversión se hizo con un interés anual de 8 por ciento bajo la fórmula de interés simple (IS). Al final de los 25 años usted tendrá unos 64.800 dólares. Esto significa que capitalizó 4.800 dólares en intereses sobre su dinero.

Por otro lado, al aplicar la fórmula de interés compuesto (IC), si usted deposita 2.400 dólares en el banco al final de cada año durante un período de 25 años, habrá aportado, al igual que en el primer ejemplo, la cantidad de 60.000 dólares al principal de su cuenta, pero al final de los 25 años tendrá 189.500 dólares. Esto significa que capitalizó 129.500 dólares en intereses sobre su dinero. Fíjese que esto representa 124.700 dólares adicionales en relación con el primer ejemplo, simplemente por un cambio de concepto de interés simple a interés compuesto.

Por último, si usted invierte 2.400 dólares al año, pero deposita el dinero mensualmente (200 dólares mensuales) durante un período de 25 años, igualmente habrá aportado la cantidad de 60.000 dólares al principal de su cuenta. En una base de interés compuesto, al final de los 25 años tendrá 191.475 dólares. Esto significa que capitalizó 131.475 dólares en intereses sobre su dinero.

Este cambio de concepto de capitalización representa 126.675 dólares adicionales en comparación con el primer ejemplo (IS) y 1.975 dólares adicionales al segundo ejemplo (IC), simplemente por un cambio de concepto de

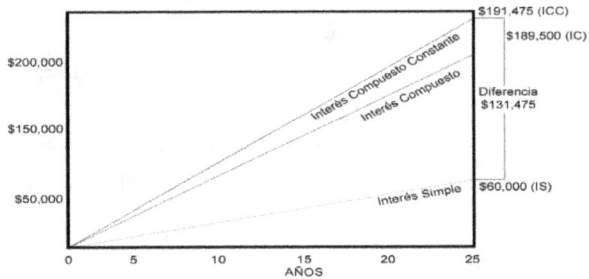

interés, añadiendo la frecuencia de aplicación. Llamaré a este concepto "interés compuesto constante" (ICC).

Pero ya basta de dar cátedra acerca de banca e intereses. ¿Qué tiene que ver todo eso con el tiempo de los fabricantes?

Hay personas que pasan por la vida aportando a sí mismas y a su intelecto en interés simple. Veámoslo con un ejemplo:

Un día le pedí a un amigo que me contara detalladamente cómo era un lunes normal para él. Muy calmadamente, me dijo:

-Después de tomar un café, tomo el tráfico de la mañana, llego al trabajo, almuerzo, regreso al trabajo, tomo café en la tarde, tomo el tráfico de la tarde, llego a casa, veo televisión y me acuesto a dormir.

- Bueno, ahora cuéntame qué haces los martes.

- Lo mismo.

- No, no, no. Explícame con detalle qué haces los martes - le exigí. Me miró muy extrañado y me dijo nuevamente:

- Me levanto, tomo café, tomo el tráfico de la mañana, llego al trabajo, almuerzo, regreso al trabajo, tomo café en la tarde, tomo el tráfico de la tarde, llego a casa, veo televisión y me acuesto a dormir.

-¡Qué bien! - le comenté esta vez. - Ahora háblame del miércoles.

-No esperarás que te lo repita.

-Sí. Por favor, cuéntame con detalle qué haces los miércoles. Se notaba un poco molesto, pero me contó de nuevo:

-Me levanto, tomo café, tomo el tráfico de la mañana, llego al trabajo, almuerzo, regreso al trabajo, tomo café en la tarde, tomo el tráfico de la tarde, llego a casa, veo televisión y me acuesto a dormir. (La cara de mi amigo iba cambiando poco a poco, como la suya, tal vez, al leer esta narración.)

Lo miré con una gran sonrisa y le dije: -Cuéntame qué haces los jueves.

En ese momento se levantó bruscamente y me dijo:

-No creerás que repetiré todo de nuevo.

-¡Sí! -respondí.

-Sammy, ya me cansé de decir lo mismo -me dijo visiblemente molesto.- No lo repetiré más.

Yo lo miré cariñosamente y le dije: - Mi querido amigo, solamente me lo has repetido tres veces y ya te cansaste. ¡Qué te parece vivirlo por treinta años!

A eso me refiero cuando hablo de vivir la vida en tiempo de interés simple. Es cuando una persona simplemente repite una o múltiples acciones durante años, sin detenerse a pensar que está capitalizando solamente con base en lo ya aprendido. No aporta nada nuevo, no busca mejorar, no lee, no estudia, no analiza, sólo repite la rutina por años y años.

Hay personas que estudian, llegan a un nivel de conocimiento, comienzan una actividad y luego, por muchos años, no aportan nada adicional a su sucursal principal de conocimiento. Por eso, su nivel de capitalización en el conocimiento es de interés simple. ¿Recuerda usted el primer ejemplo numérico? El resultado obtenido era muy bajo. Por esta razón, después de treinta o cuarenta años de trabajo, algunas personas se preguntan: "¿Por qué tengo tan poco?" Bueno, la respuesta es muy sencilla: toda su vida estuvieron sembrando en tiempo de interés simple.

En una ocasión el Presidente de los Estados Unidos, Abraham Lincoln, comentó: "La gran desgracia de la vida es que el hombre nace, vive y muere a los veinticinco años". Las personas que lo escucharon, un poco confundidas, le pidieron que lo repitiera. El señor Presidente lo repitió: "La gran desgracia de la vida es que el hombre nace, vive y muere a los veinticinco años". Con cautela y respeto, sus ayudantes le dijeron: "Señor Presidente, no estamos de acuerdo con el planteamiento que usted afirma. De hecho, mire su caso, usted tiene más de cincuenta años. ¿Podría usted explicar qué quiere decir?" El Presidente explicó: "La gran desgracia del mundo es que las personas nacen, viven veinticinco años, dejan de soñar y crear, y mueren en su intelecto repitiendo una rutina de vida por cuarenta, cincuenta o sesenta años. Compañeros, en el momento en que paran de soñar y crear, mueren. En ese momento, sólo resta esperar a llegar a los 80 años, cuando entierran su cuerpo".

Hay otras personas que deciden tomar el control y aprovechar la vida con un sistema de capitalización en grande. Ellas utilizan el tiempo en interés compuesto, y esto significa que reconocen que la vida es corta y que hay que añadir sobre lo ya aprendido. Se ocupan por su mejoramiento intelectual, emocional, espiritual y familiar; en fin, siempre están en busca de algo mejor. Al capitalizar sobre lo ya aprendido, no se conforman. Buscan cómo fabricar en su lugar de trabajo. Se interesan, miran, preguntan, leen y aprenden. Estas personas obtendrán de la vida dividendos o ganancias en interés compuesto, es decir la ganancia será muy beneficiosa para ellos y para los suyos.

Pero si además aumentan la frecuencia de aprendizaje y le brindan a su mente información y conocimiento de manera consistente, entrarán en la tercera dimensión de ganancia de los fabricantes en grande, que es el tiempo en interés compuesto constante. En ese nivel obtendrán el máximo aprovechamiento, y llegará el momento en que tendrán ganancias en abundancia.

No pierda usted tiempo hoy. Tome la decisión y asegúrese de ponerse en acción para capitalizar su intelecto y sus relaciones en interés compuesto constante. Pregúntese qué está capitalizando hoy sobre lo ya aprendido. No se limite, no se conforme con lo que aprendió ayer. Hoy es un nuevo día para capitalizar en interés compuesto constante. No hay tiempo que perder.

Recientemente en una conferencia, hice una pregunta a uno de los participantes: "¿Cuántos días cree que tiene una vida normal?, ¿Cuántos días cree que hay, en total, en setenta u ochenta años?" La persona se quedó pensando, y le pregunté inmediatamente: "¿Qué le viene a la mente? Rápido. Tiene cinco segundos para contestar. Digamos que alrededor de 100.000 días. ¿Qué cree? ¿Menos o más de 100.000?" "Más de 100.000 días", me contestó. Rápidamente, miré al público y dije: "Levanten la mano los que creen que hay más de 100.000 días para vivir". El 95 por ciento de los participantes levantaron la mano. Entonces les informé: "Una persona con una expectativa de vida de setenta años tendrá 25.550 días". ¿Cómo? Casi todos creían que sobrepasaban los 100.000. La realidad es que son muchos menos días de los que pensamos... ¡aproximadamente una cuarta parte!

Ahora, ¿qué hará usted con tan pocos días? ¿Los utilizará en tiempo en interés simple, o los capitalizará al máximo en tiempo de interés compuesto constante? Como fabricante, le recomiendo que aporte siempre a su sucursal principal de conocimiento, de emociones, de relaciones; en fin, que busque siempre cómo mejorar intelectualmente, emocionalmente, espiritualmente y en todos los aspectos de la vida. ¿Desea ser un gran fabricante?

Aprenda a vivir la vida en tiempo en interés compuesto constante.

Cimientos de
FABRICACIÓN

1. Todos somos inversionistas de tiempo.

2. El tiempo es el gran nivelador, pues todos tenemos la misma cantidad.

3. Existen dos tipos de tiempo:
   - Tiempo horizontal
   - Tiempo vertical

4. El fabricante no subestima el tiempo horizontal ni sobrestima el tiempo vertical.

5. Tenemos tres maneras de invertir nuestro tiempo:
   - Tiempo en interés simple
   - Tiempo en interés compuesto
   - Tiempo en interés compuesto constante

Invierta su tiempo en la vida, en interés compuesto constante.

Mapa de
CONSTRUCCIÓN

¿Cuáles son los proyectos que ya he comenzado en este momento? ¿Cuáles tengo en mente por comenzar? (Piense en proyectos a largo plazo, a mediano plazo, a corto plazo y a plazo inmediato).

_____

_____

_____

_____

¿Cuál es el plan de acción que debo seguir para llevar a cabo estos proyectos? (Divida su plan de acción en pasos específicos. No sobrestime el tiempo vertical ni subestime el tiempo horizontal).

_____

_____

_____

_____

¿Cómo utilizo cada día el tiempo vertical? (Haga una bitácora de cómo utiliza cada día. Escríbala durante una semana y analícela).

_____

_____

_____

_____

El fabricante,
conoce los signos vitales

De niño, siempre me maravillaba cuando mis padres me llevaban al médico de cabecera. El doctor Fontanez examinaba mis oídos, miraba debajo de mi lengua, me tomaba la temperatura y oía los latidos de mi pequeño corazón. Este proceso era prácticamente igual, sin importar si el dolor era en la cabeza o en los dedos de los pies. Cuando vamos al médico y le expresamos que sentimos algún dolor o molestia, existe un procedimiento que sigue invariablemente al comenzar la consulta. Estas mediciones examinan lo que se conoce como "signos vitales". Son señales que, independientemente de lo que nos aqueje, le dan al profesional de la salud información vital para saber el origen de la enfermedad.

Con los años, he aprendido que en el camino del éxito y de la fabricación existen unos signos vitales que nos dan información crucial para conocer el estado de salud mental, física y emocional del ser humano.

**El fabricante conoce los signos vitales del éxito
y los utiliza en su favor.**

Existen cinco signos vitales en el ser humano que emprende la aventura de crear: Coeficiente Intelectual, Coeficiente de Actitud, Coeficiente Emocional, Nivel de Energía y Nivel de Responsabilidad.

1. **Coeficiente Intelectual (CI)**
    De todas las medidas, ésta es la más conocida. El CI es utilizado para medir el nivel y la capacidad de inteligencia. Por muchos años se ha pensado que es el signo más importante para determinar el desempeño de una persona en el trabajo o en la escuela. De hecho, se ha llegado a requerir exámenes que miden niveles de CI en niños de escuela primaria con el propósito de examinar y agrupar a los niños en niveles de desempeño e inteligencia similares.

Por mucho tiempo se ha pensado también que un nivel de CI alto es sinónimo de éxito asegurado. Pero, ¿cuántos de nosotros hemos conocido personas que tienen un nivel muy alto de CI, cuyo desempeño y éxito en la vida son sumamente bajos? Todos podemos recordar a ese compañero de escuela que siempre tenía las mejores calificaciones y luego nos enteramos que no ha logrado superar el promedio en su desempeño laboral. La razón de esta paradoja es que el CI es importante, pero no es el único signo vital para el éxito.

2. Coeficiente de Actitud (CA)

Éste complementa al anterior, pues hace la diferencia a la hora de poner en práctica lo aprendido. En la película "Duelo de Titanes" (Remember the Titans) protagonizada por Denzel Washington, el equipo de fútbol de la ciudad de Alejandría tiene un integrante cuyo nivel de CI no es el más alto. Inclusive los compañeros de equipo, que estudian con él, le ayudan para que pase los exámenes académicos y pueda jugar con el equipo. Lewis Lastik no es el más inteligente del equipo, tampoco el más guapo ni el más talentoso, pero demuestra desde un principio un coeficiente de actitud muy alto.

En el campamento inicial, cuando el entrenador Boone, representado por Washington, se enfrenta a la realidad de unir dos equipos de fútbol con dos culturas raciales diferentes y en conflicto, Lewis es el primer jugador del equipo de blancos que se integra al nuevo equipo de raza mixta. Su actitud demuestra integridad, amistad, confianza y unión desde el principio. Su nivel de CI es el más bajo del equipo, pero su nivel de CA es el más alto. Lewis juega eficientemente y es clave para que el equipo de Alejandría gane el campeonato en 1971.

Los más notable es que la película está basada en una historia de la vida real. Por esta razón, al final muestran lo que ha ocurrido con cada uno de los integrantes del equipo y a qué se dedican en estos momentos. Algunos de ellos aportan con su trabajo a la sociedad y otros aún se dedican a actividades relacionadas con los deportes. A pesar de tener el coeficiente de inteligencia (CI) más bajo del equipo, Lewis Lastik, tenía el coeficiente de actitud (CA) más alto y esto lo llevó al éxito. Hoy en día es un gran empresario del estado de Tennessee.

3. Coeficiente Emocional (CE)

Desde principios de los años noventa hasta hoy, se han escrito docenas de libros y artículos sobre el tema de la inteligencia emocional. Los pioneros en este tema son los psicólogos Meter Salovey y John Mayer de la Universidad de Yale, y el psicólogo Daniel Goleman de la Universidad de Harvard. A ellos se debe que este tema sea estudiado actualmente como asignatura principal en muchas universidades. Este concepto es un reconocimiento al hecho de que el ser humano es emocional y, como tal, toma decisiones con base en las emociones y no solamente con base en la lógica.

Las investigaciones modernas atribuyen un papel importante al conocimiento de uno mismo, sus emociones y su sensibilidad frente a otros. Por ello, la inteligencia emocional abarca cualidades como la comprensión de las propias emociones, la capacidad de entender a los otros y la sabiduría para manejar las emociones de manera que mejoremos la calidad de nuestra vida y la de quienes nos rodean. Podríamos decir que la inteligencia emocional tiene cinco áreas principales:

- *Capacidad de reconocer las propias emociones*
  El primer paso para aumentar el nivel de inteligencia emocional es aprender a reconocer las propias emociones, sus causas y las reacciones y actuaciones que éstas desencadenan.
- *Capacidad de manejar las emociones*
  El conocimiento por sí mismo, no da poder. El conocimiento aplicado, en cambio, ¡da poder! Por tal razón, lo importante realmente no es conocer las emociones propias, sino aprender a manejarlas positivamente para alcanzar las metas y los objetivos.
- *Capacidad de entender las emociones de otros*
  Los seres humanos somos gregarios por naturaleza. Nos gusta compartir, estar acompañados y comunicarnos. Sólo de esta manera hemos logrado conquistar éxitos inimaginables,

y esto se debe a la capacidad única de compartir éxitos, descubrimientos y hallazgos. Por lo tanto, es vital para el fabricante estudiar y percibir las emociones de los demás, y acoplar las propias para lograr el entendimiento. El fabricante logra obtener resultados al entender las necesidades de sus compañeros fabricantes y al ponerse en su lugar para generar empatía y unión.

• *Capacidad de utilizar el propio potencial como complemento de las emociones de otros*

Utilizar el potencial del conocimiento emocional nos lleva a superar el promedio y nos hace extraordinarios. Una parte esencial de la inteligencia emocional es saber estimular y utilizar al máximo las propias emociones y las de los demás para alcanzar nuestras metas.

• *Capacidad de crear relaciones sociales productivas*

Puesto que siempre estamos con otros seres humanos y hacemos contactos constantemente, la necesidad de establecer relaciones sociales productivas nos acompañará siempre. La capacidad de crearlas y cultivarlas de manera permanente es clave para la fabricación en grande y para mantener un alto nivel de coeficiente emocional.

El coeficiente emocional incluye factores como los sentimientos, los valores y las pasiones. Cada año, las empresas invierten una gran cantidad de dinero para fortalecer las emociones de sus empleados a través de incentivos que van desde programas de salud que incluyen gimnasios, hasta programas de ayuda emocional, tanto para los empleados como para su familia. Hace unos treinta años se pensaba que estos programas no aportaban al desempeño del empleado, pero hoy en día se reconoce que no sólo lo aportan, sino que además logran equipos más creativos, unidos y productivos. Para que el fabricante esté en su nivel óptimo de producción, es necesario que su coeficiente emocional sea muy alto.

4. Nivel de Energía (NE)

Todo lo que nos rodea es energía. Estamos compuestos de átomos, moléculas y células; por lo tanto, estamos constantemente energizándonos y dando energía. Nuestro cuerpo se mueve a partir de energía pura y nos alimentamos con el fin de obtener los nutrientes necesarios para un desempeño óptimo. Como el proceso de fabricación es arduo y continuo, es requisito tener un nivel de energía alto y constante.

Como buen fabricante, usted tendrá que conformar un equipo. En ocasiones le tocará ser el líder y catalizador del equipo, pues todo el mundo desea seguir a alguien que sepa y demuestre que sabe para dónde va. (Nadie desea montarse en un tren detenido o que no sabe hacia dónde se dirige.) El nivel de energía que usted demuestre como líder y fabricante atraerá a otros fabricantes hacia su misión.

En su libro *Pensar en grande, la magia del éxito*, David Schwartz dice que para triunfar en grande usted tiene que caminar, hablar y actuar un 25 por ciento más rápido que el resto de las personas. Lo que realmente quiere decir es que, para triunfar en grande, usted debe demostrar un alto nivel de energía. Algunos factores que aumentan el nivel de energía son:

- *Alimentación y suplementos vitamínicos*

  Ambos son vitales para obtener un alto nivel de energía. El nuevo siglo ha traído consigo un estilo de vida con más presiones, alimentación rápida y poco descanso. Por lo tanto, es muy importante que el fabricante complemente su alimentación con suplementos vitamínicos que aseguren un nivel energético óptimo.

  Como buen fabricante, haga un programa de alimentación adecuado y escoja un suplemento vitamínico que sea totalmente natural. Estudie su marca, cultivos, procesos, controles y, sobre todo, estudie su pureza y compromiso con la naturaleza. No ponga en su cuerpo elementos químicos ni alterados, pues éstos pueden afectar su nivel de energía a la hora de producir.

- *Ejercicio físico*

  Dios nos dio un cuerpo lleno de células, órganos, huesos y músculos. Estos últimos tienen la peculiaridad de que se desarrollan con el uso y nos permiten hacer muchas cosas, desde alcanzar y levantar objetos hasta movernos de un lado a otro. Por tal razón, como fabricante, usted debe tomarse diariamente un tiempo para ejercitar sus músculos y su sistema cardiovascular. Verá que su energía aumentará a niveles de producción sin par.

Durante mis años en la banca tuve acceso a un gimnasio provisto por la institución para sus empleados. Éste tenía todos los equipos necesarios y hasta un entrenador personal. Creé el hábito de asistir regularmente al mediodía y tomaba una clase de aeróbicos o de movimiento cardiovascular por espacio de 35 minutos, luego hacía un poco de ejercicio de tonificación y, finalmente, una refrescante ducha. Aproximadamente una hora más tarde regresaba al lugar de trabajo totalmente fresco y energizado para iniciar una jornada productiva y llena de actividades. Era común ver cómo otros compañeros que no aprovechaban la oportunidad se iban "apagando" durante la tarde. Su nivel de productividad disminuía, mientras que la producción de los que nos ejercitábamos aumentaba y estaba en su nivel óptimo, sólo por tomar unos 45 minutos para ejercitarnos.

- *Compromiso*

Cuando creemos en algo nos comprometemos. Cuando nos comprometemos, dedicamos energía, tiempo y pasión a la labor que realizamos. ¿Ha notado usted que cuando está comprometido en algo el tiempo transcurre muy rápido y logra mucho? En cambio, cuando no cree en lo que está haciendo y no se siente comprometido, el tiempo parece una eternidad y cuesta trabajo moverse hacia otros proyectos.

El nivel de compromiso, entrega, pasión e interés en la labor que tiene que realizar es vital para aumentar el nivel de energía en sus proyectos. Entréguese a lo que está haciendo. Encienda su pasión y comprométase a conquistar el éxito. Así demostrará un alto nivel de energía, y otros lo seguirán.

- *Conocimiento*

La mejor manera de comprometerse en algo es obtener más información y conocimiento del tema. El proyecto en el que está trabajando hoy, la relación matrimonial que está construyendo y el área espiritual que está explorando requieren tiempo, concentración y estudio. Cuanto más se dedique a estudiar el tema en el que está fabricando, más activo estará en el proceso de creación y más energía dedicará al proyecto.

• *Conciencia y determinación para cambiar*

¿Tiene un amigo, un familiar o un compañero de trabajo que ha descuidado su cuerpo y su salud física? Quizá ha maltratado su cuerpo con el cigarrillo, el licor, las grasas y otros elementos dañinos. Un buen día, esa persona recibe un llamado de alerta de su médico en el que se le explica que si no se toma el tiempo necesario ni asume el control y la disciplina de cambiar sus hábitos, pronto sufrirá un desenlace fatal. Es común ver a este tipo de personas cambiar radicalmente su estilo de vida y dedicar toda su energía, esfuerzo y determinación en modificar sus patrones y hábitos dañinos. ¿Qué hizo posible ese cambio? La conciencia del peligro inminente.

Cuando somos conscientes y estamos resueltos a hacer algo, nuestro nivel de energía, reacción y movimiento aumenta dramáticamente. Es una reacción que impone cambios y lleva a resultados impresionantes. Quizá usted no tenga vicios que destruyan su salud física, pero hay quienes tienen problemas y costumbres que destruyen sus emociones, sus finanzas o su autoestima. Identifique si hay aspectos de su vida que, por ser autodestructivos o atentar contra sus proyectos, requieren que usted haga cambios conscientes y determinantes. Aspectos como reacciones a la ligera, furia, apatía o malos hábitos financieros, entre otros, deben ser cuidadosamente estudiados para determinar conscientemente dónde tiene que hacer los cambios y, así, poner mayor energía en lograrlos.

5. Nivel de Responsabilidad (NR)

Hay un viejo refrán que dice que "viajar es vivir". En este libro he establecido que vivir es aprender, y cuando viajamos también aprendemos. Siempre hay algo nuevo para ver y algo nuevo para aprender.

¡Nunca olvidaré mi cumpleaños número 40! Cuatro décadas,

480 meses, 14.600 días de una existencia repleta de vivencias... parecía mucho tiempo. Recuerdo mi dulce despertar esa mañana en España. En ese viaje, llegué a Europa para estar varias semanas y conocer un poco de su cultura, historia y belleza natural. Estaba reflexionando sobre mi existencia y todo lo que había pasado hasta ese momento, cuando de repente me levanté y tracé la siguiente gráfica:

0_____ 40 _____ 80

La línea recta representa el paso por la vida. Al principio, el número 0 representa el momento del nacimiento y, al final de la línea, el número 80 representa el promedio de vida de una persona.

¿Dónde me encontraba yo en ese momento? ¿En qué punto de la línea que acababa de dibujar? ¡Fue una gran revelación asimilar que posiblemente había llegado a la mitad de mi paso por el planeta! Inspirado por esa gráfica, me sumergí en mi pensamiento. Por mi mente corrían muchas preguntas: ¿Cuánto tiempo ha pasado? ¿Qué he hecho con ese tiempo? ¿Cuánto más me quedará? ¿Qué haré con ese tiempo que me queda? ¿Qué he alcanzado? ¿Qué aprendizaje he obtenido?

Empujé todas estas inquietudes a mi subconsciente para poder prepararme y emprender la aventura de ese día. España es un lugar lleno de historia, belleza, museos, catedrales y aventuras. Como regalo especial de cumpleaños, ese día me tenían reservada la entrada a un lugar único: la Sierra de Atapuerca localizada cerca de la ciudad de Burgos al norte de España. Esta Sierra, Patrimonio de la Humanidad, alberga los fósiles de los primeros seres humanos europeos, llamados Homo antecesor. Los científicos calculan que estos yacimientos se remontan a un millón de años en la historia.

Con el casco protector sobre la cabeza y mucho entusiasmo, nos adentramos en la Sierra y sus cuevas frías guiados por una joven arqueóloga que explicaba con detalles fascinantes cómo las diferentes capas de la montaña revelaban misterios de cientos de miles de años. Nos instruyó sobre cómo se excava la tierra para descubrir información científica e histórica relevante. Me impactó sobremanera darme cuenta de que el hombre prehistórico, cuando llegaba a un lugar, utilizaba los recursos disponibles y sobrevivía como pudiera, pero se aseguraba de dejar algo para las generaciones futuras. ¡Y aún hoy somos bendecidos con nueva información para analizar los misterios del tiempo pasado, legado de nuestros familiares primitivos!

Allí en medio de una Sierra maravillosa e inquietante, supe que mis cuatro décadas de vida (que esa mañana pensé que eran muchas) en realidad eran una pizca de tiempo comparadas con los cientos de miles de años de la humanidad y su historia.

En ese instante entendí que el verdadero objetivo de la vida no es el tiempo que vivamos ni lo que acumulemos, sino lo que dejamos para la humanidad cuando se acaba el tiempo que nos toca vivir en la Tierra. Ciertamente, la vida es corta y más cierto aún es que la cantidad de días que vivamos en este planeta es irrelevante. Nuestra verdadera responsabilidad es dejar un legado, fabricar para otros, trascender en el tiempo con nuestro aporte.

Esa noche repasé el día con una sonrisa, pensando en la manera como había comenzado mi mañana. Me sentí muy alegre al reafirmar la gran sabiduría y el poder de mi Creador. Di gracias a mi Maestro por haberme regalado tan valiosas enseñanzas, un cumpleaños memorable y la gracia para que esa misma noche fluyera de mi mente este capítulo... para usted.

El fabricante sabe que su mayor responsabilidad es dejar un legado para el futuro.

Analicemos qué significa "responsabilidad". La palabra proviene de dos raíces: "responder" y "habilidad"; por lo tanto, responsabilidad significa "habilidad de responder". Cuando nos encomiendan la responsabilidad de algo, significa realmente que nos han dotado con la habilidad de enfrentar el reto y responder para alcanzar lo esperado. A cada uno de nosotros Dios le regaló la habilidad de crear y administrar la tierra que

Él le entregó. Desde la creación, éste es un mandato de Dios al ser humano, y tenemos que cumplirlo responsablemente para bien nuestro, de nuestra familia y del mundo en general.

Ahora que conocemos los cinco signos vitales del éxito, las preguntas que todo fabricante debe hacerse constantemente son: ¿Qué nivel tengo y qué es lo que reflejo en cada uno de estos signos vitales? ¿Cuál es mi nivel intelectual? ¿Cuál es mi nivel de actitud? ¿Cuál es mi nivel emocional? ¿Cuál es mi nivel de energía? ¿Cuál es mi nivel de responsabilidad?

Así como para la salud física, los signos vitales son determinantes para tener una salud óptima en el camino del éxito. El conocimiento, la administración y el desarrollo de estos signos le ayudarán en el camino de convertirse en un fabricante permanente y en grande.

El fabricante cuida de su intelecto, su actitud, su emoción, su energía y su responsabilidad, y aporta constantemente para elevarlos a su nivel óptimo.

Cimientos de
FABRICACIÓN

1. Tómese un tiempo para conocer los signos vitales y desarróllelos a su favor.

2. Los signos vitales determinantes del éxito son:
   - CI - Coeficiente Intelectual
   - CA - Coeficiente de Actitud
   - CE - Coeficiente Emocional
   - NE - Nivel de Energía
   - NR - Nivel de Responsabilidad

3. Los cinco signos son importantes para su desarrollo como fabricante.

4. El coeficiente emocional presenta cinco áreas:
   - Capacidad de reconocer las propias emociones.
   - Capacidad de manejar esas emociones.
   - Capacidad de entender las emociones de los otros.
   - Capacidad de utilizar el propio potencial como complemento de las emociones de los otros.
   - Capacidad de crear relaciones sociales productivas.

5. Para aumentar su nivel de energía:
   - Cuide su alimentación y consuma suplementos vitamínicos.
   - Haga ejercicio físico regularmente.
   - Evalúe su nivel de compromiso y la fe en su proyecto.
   - Aumente su conocimiento sobre la materia a la que dedica tiempo y esfuerzo.
   - Cree conciencia de los peligros de no cambiar y tome la determinación de hacer los cambios necesarios para ser un gran fabricante.

6. Analice qué nivel tiene en cada uno de los signos vitales.

7. Desarrolle un plan de acción para elevar al máximo su nivel en cada

Mapa de
CONSTRUCCIÓN

¿Qué acciones estoy emprendiendo para aumentar mi nivel intelectual?

_____

_____

_____

_____

¿Qué pasos estoy dando para aumentar mi nivel de actitud?

_____

_____

_____

_____

¿Qué emociones reflejo en mi trabajo, en mi familia y en mi comunidad?

_____

_____

_____

_____

¿Qué nivel de energía reflejo en mis acciones?

_____

_____

_____

_____

¿Con qué plan de acción cuento para aumentar mi nivel de energía?

_____

_____

_____

_____

Mapa de
CONSTRUCCIÓN

¿Qué cosas caen dentro de mi nivel de responsabilidad?
(Piense en su profesión, su hogar, su comunidad, su familia y su iglesia)

_____
_____
_____
_____

Respecto a cada uno de los signos vitales, ¿cómo me catalogan los demás? (Pregúnteles y pídales que lo midan)

_____
_____
_____
_____

El fabricante,

conoce su ser

En ocasiones comienzo mis conferencias o talleres con la siguiente pregunta: ¿Qué es lo que atrae más al ser humano, o cuál es su tentación más grande? Por lo general, algunos expresan que es la comida, otros hablan del sexo opuesto, otros hablan incluso del deporte, así como también mencionan el alcohol, el cigarrillo y otros vicios. Después de discutir algunos de los puntos mencionados, procedo a explico que la atracción o tentación más grande del ser humano es el anhelo de *tener*. Desde el principio de la creación, el deseo de tener ha movido al ser humano. Empezó con Adán y Eva, quienes desearon tener la sabiduría de Dios, y así ha seguido hasta la actualidad, cuando el hombre entra diariamente en una carrera desenfrenada por tener, alcanzar y acumular riquezas, propiedades y objetos. La próxima pregunta que hago al público es: ¿Es esto algo malo?

Mientras escribo este libro, nuestros países están concentrados en una discusión de términos éticos. El tema de la corrupción y la falta de ética obtienen las primeras planas en los periódicos y en los programas de televisión y radio. Estos casos implican grandes y pequeñas empresas: desde los escándalos de Wall Street, con empresas multinacionales que mienten para aumentar sus ganancias y aparentar tener más de lo que es real, hasta pequeños comerciantes que extorsionan y realizan prácticas totalmente antiéticas para alcanzar un nuevo proyecto o un nuevo contrato.

Esto me lleva a pensar que lo malo no es tener, sino la prioridad que le damos a nuestra atracción natural hacia lo material. Podría decir que el orden de prioridad en el mundo de hoy es el siguiente:

Esto significa que muchas personas se miden de acuerdo con lo que tienen. Si tienen el mejor auto, la mejor casa, joyas, ropa, botes y otras pertenencias, entonces son exitosas. En ese orden, *tener* está antes que *ser*, y esto es muy peligroso.

Recientemente escuché una audiencia legal que investigaba un caso de corrupción gubernamental. La persona citada era investigada por casos de soborno, extorsión y compra de influencias. Para mí fue muy revelador el hecho de que esta persona contestaba siempre las preguntas en tiempo presente; es decir, al preguntársele si había entregado miles de dólares para lograr contratos gubernamentales, no sólo lo aceptó sino que además lo justificó al expresar que ésa es la manera normal de conseguir contratos. Dijo: "Yo evalúo si mi contrato está en juego y si veo que puedo perder el contrato o el negocio, no me parece que esté mal que me pidan dinero para otorgármelo". Si analizamos el tiempo gramatical de su respuesta, vemos que es el tiempo presente. Esto quiere decir que aún hoy esta persona mantiene su paradigma. Su creencia actual es la siguiente: si para tener más es necesario violar la ley, la acción es válida y justificada. De hecho, la persona de la que hablo ha sido condenada judicialmente en dos ocasiones por la misma acción. Posiblemente, el momento más revelador de la tarde fue cuando le preguntaron: "Al momento de comenzar su esquema de extorsión, ¿qué capital tenía usted?" La respuesta sorprendió a muchos: "Tenía alrededor de ochenta millones de dólares".

Es probable que usted se esté haciendo la misma pregunta que nos hicimos muchos al oír esta respuesta. ¿Qué mueve a una persona que tiene un capital privado de ochenta millones de dólares a cometer actos que violen la ley y lo priven de su libertad? De hecho, el panel investigativo le planteó la pregunta directamente, y su respuesta fue impactante: "Lo que me atrajo en ese momento no fue el dinero ni el poder. Pienso que fue la ambición de tener más".

¡Qué gran paradoja enfrenta el ser humano! Alguien que lo tiene todo desea más. Tanto Adán y Eva como el empresario de este ejemplo se enfrentaron a esa paradoja. Lo tenían todo y deseaban más. La respuesta a esta paradoja se encuentra en el orden de prioridades que acabo de exponer. Para el empresario, *tener* era más importante que *ser*, y esto lo llevó a la cárcel. Al final de su exposición señaló los resultados de sus actos: de sus ochenta millones de dólares le queda menos de una cuarta parte, y tiene deudas que superan en varios millones su capital actual. También mencionó que lo que había comenzado como un sueño se había convertido en una pesadilla. Su planteamiento final fue: "Haber tomado esas malas decisiones me ha ocasionado muchos problemas financieros y familiares".

Tener un orden de prioridades invertido ha llevado a la sociedad a establecer valores éticos basados en deseos, conveniencia y decisiones en lugar de tomar decisiones basadas en valores éticos. Lo triste es que al final del camino, tal como pudimos ver en este ejemplo, los pasos motivados por la obsesión de *tener* llevan a la destrucción y a la ruina.

Personalmente, no tengo prejuicios contra las posesiones materiales. Creo que tener un buen hogar y brindar a la familia comodidades y oportunidades es lo que Dios desea para todos nosotros. Lo importante es entender el orden correcto de prioridades. En la Biblia, el libro de Timoteo dice claramente que el amor al dinero es la raíz de todos los males. El problema no es el dinero en sí, ni las posesiones que da el dinero; el problema es la codicia y el hecho de darle mayor prioridad. El amor desmedido por el dinero y las posesiones puede corromper tanto a una persona millonaria como a una persona que tiene muy poco y que roba o comete un delito por tener más. El dinero es simplemente una herramienta y, así como utilizo un cuchillo para comer mientras otros lo utilizan para matar, puedes utilizar el dinero para construir mientras otros lo usan para engañar y destruir.

El fabricante reconoce un nuevo orden de prioridades basado en la realidad de que el hombre es lo que es su *ser*. Este orden de prioridad es:

Para el fabricante, *ser* es lo más importante. Esto representa lo que piensa, lo que cree, lo que valora y lo que defiende. De hecho, algunas de las preguntas más difíciles de analizar y contestar están relacionadas con la definición del *ser*. ¿Quién soy? ¿Quién quiero ser? ¿Con quién me identifico? Son preguntas muy profundas a las cuales el ser humano ha tratado de responder por siglos. Hay cientos de filosofías, religiones y escuelas que han surgido de esta sencilla pregunta: "¿Quién soy?"

¿Por qué es tan difícil contestar estas preguntas? Simplemente

porque no existen estudios formales referentes al *ser*. En la escuela se nos enseña qué *hacer* para luego *tener*, pero lamentablemente no existen clases formales sobre *ser*. Esto ha llevado a nuestra sociedad a tener carencias en la definición de lo más básico de la vida. El fabricante comienza por separar un tiempo de calidad para el análisis de tan importantes preguntas como: ¿Quién soy? ¿Cómo deseo ser? ¿Qué ven los demás de mí? ¿Qué puedo cambiar? ¿Qué es inmovible en mi definición e identidad? Sólo después de tomarnos tiempo para contestar estas preguntas podremos preparar un plan de de vida sólido, exitoso y permanente.

El fabricante sabe que todo comienza por su ser.
Por lo tanto, se toma tiempo para definirlo claramente.

Lo invito a que complete la siguiente frase:

Yo soy _____.

Mi experiencia en el trabajo con seres humanos me ha mostrado que la mayoría de las personas no se toman el tiempo para hacer este tipo de ejercicio. Le pido que lo haga reflexionando profundamente en lo siguiente: ¿Cómo se define usted mismo? Seguramente le parecerá interesante.

Hace unos años visité el parque temático de Disney en la Florida junto con mi amiga, la doctora Aída Rivera, y su hermana Aidín. Tener la oportunidad de dialogar con ellas es siempre una experiencia gratificante; son personas muy profundas en sus pensamientos, debido a sus estudios en psicología, pero también son joviales y excelentes compañeras de viaje. Ese día, mientras esperábamos para entrar en una de las atracciones, Aída me explicó un concepto al que llamó "los tres silencios". Es un concepto sencillo, pero profundo que he aprendido a utilizar cuando deseo indagar en mi *ser* en busca de respuestas a situaciones, preguntas e interrogantes.

El concepto de los tres silencios plantea que cuando alguien se hace a sí mismo una pregunta, su mente buscará una respuesta inmediata. Seguramente vendrán una o dos respuestas o soluciones a lo planteado, pero después de esto, la mente sentirá que ya cumplió con su cometido de contestar. ¡Ése es el primer silencio! Yo lo he llamado "el silencio de lo obvio", pues lo que surge son respuestas inmediatas y fáciles, que afloran sin mucho esfuerzo mental. La clave está en forzar a la mente a pensar un poco más. Ese proceso se logra planteando a la mente lo que he encontrado que es una de las preguntas mas poderosas que existe: "¿Qué más?".

Durante ese segundo silencio las respuestas obtenidas serán las respuestas "forzadas". Notará que las respuestas forzadas comienzan a dar más luz y solución a lo planteado. Le invito a no quedarse ahí, sino a buscar una solución aún más profunda. Aproveche el momento donde la mente está activa para unir información en busca de una solución y plantee nuevamente la pregunta mágica: "¿Qué más?" Al realizar esta pregunta por tercera vez, la mente se verá obligada a seguir buscando e indagando en su interior otras respuestas, y lanzará soluciones muy creativas e innovadoras. En este tercer silencio afloran las mejores respuestas, debido a que la mente no se ha quedado en un nivel superficial de análisis, sino que ha continuado indagando. Sólo si usted se esfuerza y llega al tercer silencio obtendrá respuestas realmente creativas. En el mundo competitivo que estamos viviendo, utilice el concepto de los tres silencios y pregunte una y otra vez, cuantas veces sea necesario, "¿Qué más?" Verá como lo impensable comienza a

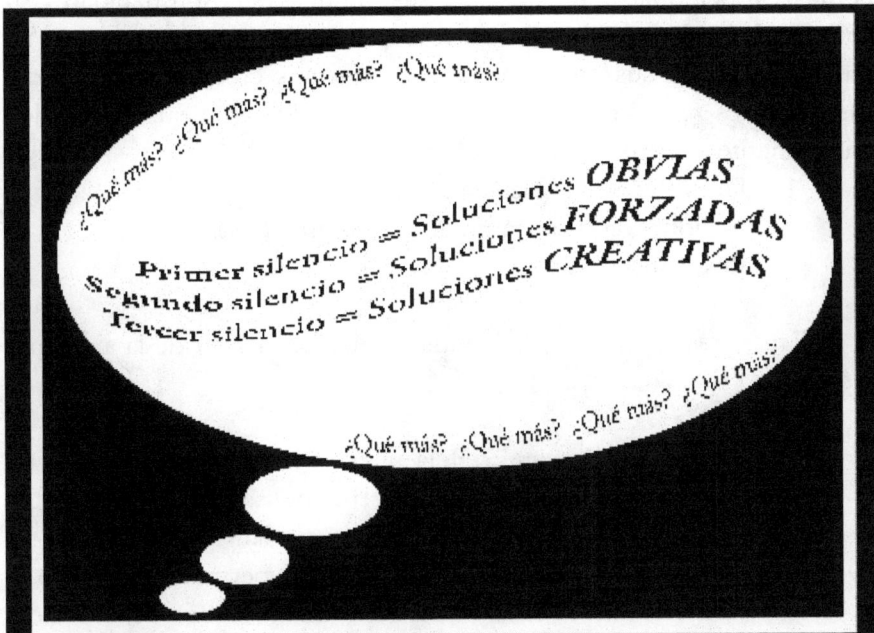

Primer silencio = Soluciones OBVIAS
Segundo silencio = Soluciones FORZADAS
Tercer silencio = Soluciones CREATIVAS

aflorar.

Utilizando el concepto de los tres silencios, lo invito nuevamente a completar la frase:

Yo soy _____

En el primer silencio, lo más probable es que la mente le ofrezca palabras como "lindo", "bueno", "alegre". Incluso, hay personas a las que sólo les viene a la mente su nombre o rol, por ejemplo: "Yo soy Sammy", "Yo soy José", "Yo soy una madre". Lo invito a que se tome un tiempo y pase por el primero, el segundo y el tercer silencio al preguntarse: "¿Quién soy yo?" Cuando crea que no hay más respuestas, pregúntese "¿Qué más?" Eso hará que su mente busque en su interior, profundice y le brinde más información sobre su identidad y *ser*.

Si se toma un tiempo para pensar y definir quién es usted, se maravillará de las cosas que su mente reconoce como una definición de su *ser*. Pero esas profundidades llegarán sólo si usted se atreve a indagar hasta el tercer silencio y más. Profundice, busque, piense, escudriñe su *ser*, y descubrirá quién *es* usted realmente. Lo invito a que expanda esa definición no solamente al ámbito profesional, sino al familiar, al personal, al de su salud, sus finanzas, su espiritualidad y su aporte a la sociedad. Si usted cambia la información que entra en su mente, cambiará sus creencias. Si cambian sus creencias, cambiarán sus acciones y, si cambian sus acciones, cambiarán sus resultados. Nuevamente podemos ver aquí el orden correcto:

1. Pensamientos y creencias (*ser*)
2. Acciones, comportamientos y hábitos (*hacer*)
3. Resultados (*tener*)

Estos tres elementos de la vida se pueden definir de la siguiente manera:

- **SER**

  Es el elemento que refleja nuestra alma y nuestro espíritu. Es nuestra conciencia, nuestro pensamiento y nuestra energía. Es nuestra verdadera identidad. Realmente es la parte inmortal del ser humano y la que permanece cuando el *hacer* y el *tener* se acaban. El ser humano puede dejarlo todo, pero nunca podrá distanciarse de su *ser*. Hay personas que lo opacan al poner énfasis en el *tener* o el *hacer*, pero nunca podrán excluir de ellas mismas su *ser*, pues siempre estará presente.

- **HACER**

Es el trabajo o la actividad que realizamos para alcanzar, ya sea el *ser* o el *tener*. Representa el elemento creador del ser humano y su respuesta dependerá de nuestro orden de prioridades: si la prioridad es *tener*, las actividades diarias (*hacer*) estarán guiadas a acumular cosas que alimenten el *tener*. Si por el contrario la prioridad es *ser*, las actividades y los pasos diarios estarán encaminados a lograr esa definición preestablecida. En este sentido podríamos decir que el *hacer* es un "seguidor": seguirá al *ser* o al *tener*.

Es interesante observar a tantas personas que pasan gran parte de sus horas productivas enfocadas en el *hacer*, sin darse cuenta de que éste es simplemente un seguidor y está totalmente sujeto a la definición de los otros dos elementos, el *ser* y el *tener*. El mundo está lleno de personas que mantienen una actividad durante ocho o diez horas diarias y la repiten durante treinta o cuarenta años, sin definir con anterioridad qué las está guiando: el *ser* o el *tener*. Al final de su vida, estas personas experimentan un gran vacío y una inmensa carencia de logro en la vida por falta de definición y claridad de curso.

- **TENER**

Es la acumulación de propiedades, posesiones y efectos materiales. Se trata del más pasajero de los tres estados pues, en ocasiones, la experiencia enseña que lo que se obtiene en años se pierde en segundos. Aunque es el elemento más frágil de los tres, es el más buscado, atesorado y el de más alta prioridad para muchos en el mundo actual. Como vimos en el ejemplo del empresario corrupto al principio de este capítulo, una prioridad y un enfoque desmedidos en el *tener* pueden ser altamente destructivos y dolorosos.

Después de todas estas explicaciones surgen varias preguntas muy válidas, entre ellas: ¿Puedo yo controlar esos tres elementos? ¿Puedo cambiar mi *ser*? ¿Es el *ser* programable? Afortunadamente, la respuesta es: ¡Sí! Si usted aprende a programar o a alimentar su *ser*, sus resultados cambiarán. ¿Qué pasos puede dar para desarrollar ese *ser* interior?

1. **Definir claramente lo que *es* y lo que quiere** *ser*

   Anteriormente propuse el ejercicio de análisis del "Yo soy...", pero ese proceso de introspección debe ser aún más profundo. Es común definir el *ser* con acciones. Daré un ejemplo para aclarar este punto.

   Quizá cuando usted era pequeño soñaba con ser policía, bombero, astronauta, bailarín, cantante o actor; quizá quería ser Superman o la Mujer Maravilla. Aparentemente usted quería *ser* esas cosas, pero, si analiza bien, estaba definiendo el *ser* con relación al *hacer*. Lo que realmente quería *ser* era valiente, heroico, protector, útil, alegre, bueno, honesto, fuerte y valeroso.

   Así que el primer paso para desarrollar su *ser* es definirlo claramente con virtudes y valores, no con actividades ni posesiones (recuerde que esa es la tendencia natural). Haga un listado de las virtudes que desea alcanzar, de los valores que desea preservar y mostrar a los demás, y de sus creencias más arraigadas y apreciadas. Haga también un listado de sus debilidades, en términos de valores internos. Sólo así podrá continuar con el segundo paso en el proceso de desarrollo de su *ser*.

   El fabricante toma tiempo para definir su ser.
   Sólo así entra en la dimensión infinita
   de la creación, producción y prosperidad,
   porque él sabe que el ser precede al hacer.

2. **Actuar de acuerdo con ese *ser* que ha definido**

   El problema que he encontrado con este segundo paso es que las personas tienden a concentrar sus acciones en la búsqueda de dinero y posesiones sin incluir acciones que alimentan su *ser*.

   En la ciencia existe un concepto llamado entropía; se trata de un fenómeno natural que los físicos definen como "la tendencia natural de todas las cosas a deteriorarse". La pintura se borra, el hielo se derrite, los puentes se oxidan y los caminos se rompen.

El hecho natural es que todo tiende a deteriorarse si no hay una acción concertada, planificada y, en ocasiones, forzada hacia la preservación. El *ser* no escapa al efecto de la entropía. Si usted no tiene un plan concertado en las acciones del *hacer* para preservar la definición del *ser*, la tendencia natural es que la definición se vaya opacando y que usted sucumba ante la atracción del *tener*. Por lo tanto, asegúrese de incluir momentos para alimentar su definición del *ser* en sus acciones diarias.

Mi maestro por excelencia es Jesús de Nazaret, quien no sólo cambió el ámbito religioso e histórico, sino que también dejó una huella profunda en el ámbito social, emocional y de negocios. A los doce años, siendo apenas un niño, Jesús tenía muy clara su definición del *ser*. En los años de preparación para su ministerio y su obra por la humanidad, Jesús reservaba tiempo para reflexionar y adentrarse en su *ser*. Aun en el momento de enfrentar su muerte, una de las más cruentas y humillantes de todas las épocas, Jesús el hombre, se retiró sólo con el propósito de fortalecer la esencia y la definición de su *ser* interno y su misión en el paso por la vida humana. El ser que más impactó a la humanidad y que marcó la historia (la registramos antes o después de Él) respetó el principio de la entropía y lo demostró al dedicar de manera deliberada un tiempo de su *hacer* para fortalecer su definición del *ser*. ¿Qué acciones ha programado usted para fortalecer su *ser*?

Le recomiendo que reserve momentos para el pensamiento profundo. Utilice estos momentos para entrar en su *ser*, para encontrar o renovar su razón de continuar.

John C. Maxwell, en su libro *Piense, para obtener un cambio*, presenta magistralmente y en detalle, once tipos de pensamientos y sus objetivos. Todos son importantes, pero uno de los más cruciales es el que llama "pensamiento reflexivo". Este es el tipo de pensamiento que nos ayuda a aprender de las situaciones vividas y a profundizar en ellas.

El fabricante programa un momento durante el día para contestar preguntas importantes como: ¿Cuál fue la enseñanza que la vida quiso darme hoy? ¿Qué he aprendido en el proceso de vivir? ¿Cómo puedo aplicar lo aprendido para ayudar a mejorar a los míos? ¿Cómo construyo mi *ser* el día de hoy?

¿Qué cosas tengo que cambiar o aportar para mantener mi *ser* interno claro y congruente? Realice este ejercicio diariamente. Le tomará sólo unos minutos, pero le ayudará a concentrarse en lo verdaderamente importante y valioso de la vida. También le recomiendo que, una vez a la semana, y posteriormente una vez al mes, reserve momentos para la reflexión más prolongada con el fin de examinar su *ser* interno y revisar el programa con el que cuenta para alimentarlo y mantenerlo firme.

Afortunadamente, desde muy niño fui expuesto a momentos de reflexión. Mi mamá se encargó de enseñarme el poder de la oración y de los momentos para fortalecer el *ser* interior. Recuerdo conversaciones con mis padres en las que la moral, la espiritualidad y los valores eran temas ampliamente discutidos. Ellos fomentaron en mi hermana y en mí, la costumbre de reservar momentos para la reflexión con el fin de que pudiéramos alimentar ampliamente nuestro *ser*. Esto nos llevó a tomar decisiones sólidas en cuanto a los valores que iban a regir nuestra vida. Hoy, al hacer un análisis más profundo de mi proceso de crecimiento, comprendo que no fue sólo ese impulso inicial lo que me convirtió en lo que actualmente soy, sino también el reconocimiento de que mantengo una lucha diaria con mi *ser* para preservar esa definición inicial. Constantemente me hago preguntas en ese sentido, como por ejemplo: ¿Qué valores deseo cultivar dentro de mí? ¿Cómo estoy dispuesto a luchar por ellos, para no caer en la tentación de ceder ante el *tener*? Los libros, las revistas, los programas televisivos y las conversaciones que rodean mi vida cotidiana, ¿alimentan mis valores y mis creencias, o me distancian de ellos?

Dios, en su infinita sabiduría, me permitió terminar este capítulo - que considero uno de los más importantes en su camino a convertirse en un fabricante permanente - con otro ejemplo de la vida real. El 14 de diciembre del 2003, el mundo entero se detuvo para ver el arresto de una de las personas más conocidas y buscadas: el líder de Irak, Saddam Hussein, quien fue encontrado en un pequeño escondite en las afueras de su ciudad natal. Enterrado en un pequeño hueco, con un tubo para respirar, se encontraba aquél que unos meses antes era el dueño de tanto poder, tantos palacios y demás posesiones. Fue impresionante ver imágenes de un Hussein demacrado, cansado y débil. La misma persona que hace poco desafiaba al mundo reclamando su poderío militar y financiero, se veía ahora débil e indefenso. Lo que más me llamó la atención fue el hecho de que Hussein fuera encontrado con una caja que contenía 750.000 dólares en efectivo. Este gobernante mantuvo su prioridad en el *tener* y se desvió cada vez más de su *ser*. Mientras las personas a las que gobernaba no tenían dónde dormir, él tenía docenas de palacios con grandes lujos, escoltas, automóviles, sirvientes y otras comodidades.

En este ejemplo podemos ver a una persona cuya prioridad era, marcadamente, *tener*, pero que se olvidó por completo de alimentar su *ser*. ¿Cuál fue el resultado? Vulnerabilidad, como en cualquier otro ser humano, pero, además, la obligación de enfrentar a su pueblo, al mundo y, sobre todo, a su *ser* interior. Aquí vemos a una persona que, aun en su último momento de libertad en un pequeño escondite, con una caja llena de dinero demostró que aparentaba *tener* mucho, pero que realmente no tenía nada. Y esto debido a que había perdido lo más importante para un ser humano: la definición de su *ser*.

Usted, amigo lector, posiblemente no tiene la responsabilidad de una nación en sus manos. Quizá piense que no es un gran líder ni una figura pública. Aún así, yo le aseguro que usted tiene la responsabilidad de influir en otros, no importa si el lugar de influencia es su hogar, su oficina o su negocio. Posiblemente tiene un alto nivel de influencia en un proyecto de trabajo o en un negocio que está por cerrar. Quizá hay miles de personas que dependen de su decisión de negocios, o tiene cuatro personas en su hogar que dependen de usted para vivir. No importa si es un artista, un escritor, un ingeniero o un mecánico; no importa su edad, su color, su sexo, ni su religión. Recuerde que tiene un *ser* que lo acompañará toda la vida, y por ello es importante que sea consciente de que es ese *ser* el que lo llevará a *hacer*, para luego *tener*.

El verdadero fabricante conoce su ser
y lo utiliza en beneficio de su familia, su país y su sociedad.

Cimientos de
FABRICACIÓN

1. La atracción más grande que mueve al ser humano es el deseo de tener.

2. El orden de prioridad que refleja el mundo de hoy es:
   - Tener
   - Hacer
   - Ser

3. Los resultados que se obtienen, como consecuencia de este orden, son pasajeros y en muchos casos, llevan a la ruina y a la destrucción.

4. El orden de prioridad que mantiene el verdadero fabricantes es:
   - Ser
   - Hacer
   - Tener

5. Los resultados que se obtienen como consecuencia de seguir el orden correcto son permanentes y sólidos. En muchos casos lo llevarán al éxito y a una vida llena de logros.

6. El fabricante se hace frecuentemente la pregunta ¿Quién soy?

7. El *ser* es el elemento que refleja el alma, el espíritu, la energía y el pensamiento. De los tres es el único inmortal. Siempre estará con usted.

8. El *hacer* es la labor o actividad diaria realizada para alcanzar su *ser* o alcanzar el *tener*. Es un "seguidor", es decir, actuará según la prioridad que usted dé a los otros dos elementos.

9. El *tener* es la acumulación de propiedades, posesiones y efectos materiales, y es el más frágil y pasajero de los tres elementos.

Cimientos de
FABRICACIÓN

10. La entropía es la tendencia natural de las cosas a deteriorarse.

11. Como fabricante, usted debe tener un plan concertado y deliberado para alimentar su ser permanentemente.

Mapa de
CONSTRUCCIÓN

Utilizando la técnica de los tres silencios, conteste las siguientes preguntas:
¿Cómo me catalogo yo mismo? ¿Cuál es mi identidad?

_____

¿Qué valores y creencias tengo inculcadas en mi *ser*?

_____

¿Qué acciones y actividades me alejan de ese *ser* que quiero ser? ¿Y qué acciones y actividades me acercan?

_____

¿Qué plan de acción tengo concertado para alimentar y mantener vivo mi *ser*?

_____

¿Cuál es mi definición de *tener*? ¿Cuánto tiempo dedico diariamente a las actividades relacionadas con la acumulación del *tener*? ¿Qué prioridad tienen en mi vida?

_____

¿Qué personas y actividades valoro más? ¿Cuántas de ellas no tienen que ver con el dinero, y sí con la amistad y la confianza?

_____

¿Cómo propiciaré un equilibrio en mi vida para acercarme más al *ser* y darle prioridad sobre el *tener*?

_____

El fabricante,
conoce y abraza el cambio

Soy un lector voraz y he visto en autores y artículos la tendencia de escribir sobre temas que son la palabra o moda del momento. Se escriben decenas de libros sobre un artista, sobre el secreto para el éxito o sobre la caída de la economía. La base de este libro es el cambio. Esto no por capricho o porque es la palabra del momento, sino porque es algo que nunca dejara de ocurrir. El cambio es lo único constante que ocurre en nuestra vida. Nuestro cuerpo, nuestro ambiente, el país, la economía, los negocios, las familias, los conceptos, las leyes, los gobiernos, la tecnología, las escuelas y las universidades están en constante cambio.

Es por ello que una de las cualidades más grande e importante que tiene un fabricante del siglo XXI, es el conocer cómo es el proceso de cambio y sus fases para abrazarlo como un aliado y lograr éxito tras éxito.

¿Es el cambio algo natural para el ser humano? Sí y no. Sí es natural porque nos acompaña siempre, pero no es natural porque, en esencia, el ser humano no abraza, busca, fuerza o agradece el cambio. Somos seres de estabilidad. Somos educados culturalmente a buscar una vida estable, sólida, libre de problemas, sorpresas y cambios repentinos. Por tal razón, aunque reconocemos que el cambio ha sido vital para la evolución de la raza humana, lo rechazamos naturalmente. ¿Es esto una paradoja? Realmente no. Es una realidad. Y si tenemos conciencia de ella podemos superarla y maximizar las oportunidades que el cambio ofrece día a día.

La Real Academia Española define el cambio como "Dejar una cosa o situación para tomar otra". El diccionario virtual del momento llamado Wikipedia, lo define de la siguiente manera: "Cambio es el concepto que denota una transición y que ocurre cuando se transita de un estado a otro". Aunque ambas definiciones pueden parecer muy similares, la definición de Wikipedia agrega una palabra clave a la definición de cambio; transición. Cuando ves el cambio como un proceso de transición, no le temes, no le huyes, sino que lo utilizas como un aliado para alcanzar nuevos logros, nuevos éxitos en tu trabajo, familia, iglesia y país. El cambio en sí no es bueno ni malo. ¿Cuántas veces nos ha pasado que un evento que aparentaba ser una calamidad resultó ser una bendición? Por el contrario, en ocasiones aceptamos, buscamos o catalogamos eventos como grandes aciertos y bendiciones para nuestra vida y, con el tiempo, nos damos cuenta que no fue de provecho, ni brindó lo esperado, o hasta se tornó en un dolor de cabeza o problema. Categorizar los eventos que nos ocurren como buenos o malos es algo natural del ser humano. Lo importante es saber que no importa cómo lo pensemos o categoricemos, lo ocurrido es parte de nuestra transición o "transformación" de vida.

Para obtener el máximo provecho de los cambios que están ocurriendo en el mundo de hoy y, aún más importante, de los que aún no han ocurrido, debe entender en detalle las seis etapas del cambio y cómo cada una de ellas aporta al éxito y transformación final. Es importante comprender que las personas presentan distintas reacciones en cada etapa. Esto quiere decir que pueden demostrar diversos comportamientos en las etapas dependiendo de su cultura, crianza y hasta su lugar de acción. Es posible notar una reacción diferente ante el cambio en el ámbito de trabajo versus el núcleo familiar. Exploremos juntos estas seis etapas.

1.   RESISTENCIA

La primera etapa natural al enfrentar algo nuevo y desconocido es la resistencia. Es normal expresar molestia ante algo que requiera que salgamos de la comodidad. El mundo que vivimos hace que los cambios sean constantes y rápidos. En los pasados diez años industrias completas han surgido y otras han desaparecido. El mundo de la música digital giró totalmente la industria del disco. Los famosos "walkman" desaparecieron y todos los modelos económicos que existían alrededor de la industria de entretenimiento musical, cambiaron. En la industria de libros impresos, el giro digital ha logrado que librerías nacionales y locales hayan desaparecido. Esto afectando, no sólo las ventas de libros físicos, sino la industria del papel, impresión, distribución, transporte y hasta los centros comerciales que alojaban aquellas grandes librerías.

En el ámbito familiar, cambios en métodos de enseñanza hacen que nuestros niños tengan acceso a información inmediata y actualizada, requiriendo de los padres apertura, adaptación, actualización constante y supervisión frecuente y consciente. En los negocios, la globalización ha hecho que usted pueda tener una idea de un producto o servicio en su país, hacer el mercadeo y anuncios de forma virtual, producir y fabricar en un país lejano y levantar una operación de servicio al cliente literalmente al otro lado del planeta. En los trabajos y empleos, lo que antes hacían diez personas, hoy lo hacen dos, en menos tiempo y con menos recursos físicos y monetarios. Todo esto lleva a reacciones inmediatas. Miedo, temor, escepticismo e incomodidad son reacciones naturales al cambio. Se dice que sobre el 80% de las personas que enfrentan el cambio (voluntaria o involuntariamente) no están preparadas para tomar la acción que éste requiere.

¿Cómo saber si se está en la etapa de resistencia? El demostrar molestia, terquedad, quejas constantes, culpar a otros por lo ocurrido, y hasta el dudar de sus propias capacidades y posibilidades, son algunas de las reacciones naturales ante la resistencia al cambio. Esta etapa lleva naturalmente a una segunda etapa en el proceso de cambio:

2. NEGACIÓN

El no querer ver lo que está ocurriendo, no desear enterarse o mantenerse enajenado de lo que puede ocurrir, son algunas de las reacciones iniciales al cambio. Es una autodefensa del ser humano. Decidí estudiar computación y sistemas tecnológicos a principios de mi vida universitaria. En ese momento las micro computadoras comenzaban a surgir y los programas aún se escribían en tarjetas perforadas y con códigos muy complicados. (Aunque parece que estoy hablando de la prehistoria, hablo de la década de los ochenta). Recuerdo una conversación con un amigo que trabajaba en una compañía de servicios telefónicos. Él era ingeniero y viajaba por los pueblos para tomar medidas físicas de distancias, obstáculos y otros datos geográficos, para luego trazar las líneas telefónicas en áreas sin ese servicio. Recuerdo claramente un día en particular que conversábamos sobre mi área de estudio y sus implicaciones, y mi amigo me dijo con toda seguridad: "Mi área de trabajo es imposible que sea reemplazada por una computadora. Nosotros tenemos que medir, visitar y fotografiar, y no hay forma de que una computadora reemplace o cambie mi industria". Claro está, hoy sabemos que por medio de tecnología de satélite, el Sistema de Posicionamiento Global (GPS por sus siglas en inglés) y sofisticados programas computarizados, no sólo se pueden hacer diseños remotos, sino que se pueden analizar mejor áreas no previstas como la condición del suelo, futuros desarrollos en infraestructura y otros elementos. Lo importante de este relato es que mi amigo estaba en negación ante el proceso de cambio que las primeras computadoras presentaban. De hecho, él actuaba utilizando como base su experiencia, su conocimiento y su razonamiento. Estos tres elementos son una excelente base para tomar decisiones, pero cuidado, porque ante un mundo altamente cambiante, estos elementos quedan obsoletos muy rápidamente. Una persona demuestra que está en negación cuando sus palabras y frases son: "Aquí no pasará eso", "Todo era mejor en el pasado", " Mantengámoslo como está..."o "Prefiero ni escuchar".

El problema de la negación es que no resuelve nada. Recientemente, en una clase de ámbito espiritual, escuché a la excelente maestra, Lic. Ruth Pizarro decir: "La mejor manera de resolver un problema es resolviéndolo". Aunque parece una paradoja, una repetición o un planteamiento muy simplista, la realidad es que muchas personas, cuando están en negación, optan por otras alternativas, opciones o evasiones para no resolver lo que de seguro se ve venir. Acepto que es normal estar en rechazo o negación ante algo nuevo, lo que no le es permitido al fabricante es quedarse ahí. Para salir de estas dos etapas es necesario que se mueva (voluntaria o forzosamente) a la próxima etapa de cambio:

3. EXPLORACIÓN

La tercera etapa del proceso de cambio es la exploración. Aunque explorar es un acto natural en la niñez, con el pasar de los años se pierde la disponibilidad y el deseo de explorar. Las experiencias negativas, las burlas, los "no" recibidos durante el crecimiento y las caídas, hacen que se pierda el deseo natural de explorar. En la etapa de crecimiento, un niño aprende un nuevo idioma, aprende a comunicarse por escrito, a caminar, a correr, a balancearse, a unir colores, a realizar procesos complejos como aritmética y asociaciones, etc. Muchos de estos procesos de aprendizaje ocurren en los primeros cinco años de un ser humano. Su apertura a explorar, su interés por lo nuevo, su curiosidad y su capacidad de caer y levantarse no han sido eliminadas de su vida cotidiana. Naturalmente se despierta con energía, pasión, alegría y, sobre todo, curiosidad. El niño reconoce, acepta y busca la exploración como su forma natural de cambiar, evolucionar y adaptarse al mundo nuevo y cambiante que enfrenta diariamente.

El reto comienza cuando pensamos que hemos crecido, que hemos aprendido, y que ya no hay mucho por aprender, crecer y cambiar. Cuando te alejas de la exploración comienza el estancamiento. El fabricante sabe que cada día hay nuevas oportunidades, pero no llegan solas, hay que buscarlas, identificarlas, encontrarlas, explorarlas, afinarlas y desarrollarlas. Ganar en el mundo actual es un reto. El 2011 comienza con la degradación del crédito de los Estados Unidos por primera vez en la historia. Esto se une a noticias reportando miles de empleos afectados, eliminados o transformados en el mundo entero.

Muchas veces soy invitado a hablar ante estudiantes universitarios. Siempre comienzo expresando que el hablar ante estudiantes es una de las actividades que más disfruto, pues una conferencia dictada por un empresario durante mi segundo año universitario, giró mi interes hacia el mundo empresarial y cambió mi vida para siempre. Es por ello que nunca le doy poco valor a las conferencias dirigidas a jóvenes estudiantes y me preparo siempre para dejar una huella positiva en ellos. Muchas de las conferencias las comienzo con este planteamiento: "Jóvenes, ustedes se están preparando para conseguir un empleo y salir a un mundo donde éstos escasean.Cada día hay menos empleos y cada día disminuirán aún más". Muchas veces los estudiantes y maestros me miran con rostro de frustración, incredulidad y resignación al escucharme recordarles esta verdad. En ese momento los miro y les digo: "Cada día hay menos empleos, pero cada día hay más trabajo".

El Presidente Barack Obama, en su mensaje a la nación norteamericana el 25 de enero del 2011, expresó:

*"Pero tenemos más por hacer... muchas de las personas que me están viendo esta noche, probablemente puedan recordar los tiempos cuando encontrar un buen empleo significaba presentarse en una fábrica cercana o un negocio en el centro de la ciudad. No siempre era necesaria una carrera y la competencia se limitaba prácticamente a los vecinos. Si uno trabajaba duro, lo más probable era que tendría un trabajo el resto de su vida con un salario decente, buenos beneficios y un ascenso de vez en cuando. Quizás incluso tendría el orgullo de ver a sus hijos trabajar en la misma compañía. ESE MUNDO HA CAMBIADO. Lo he visto en las ventanas rotas de fábricas que eran prósperas y en las vitrinas vacías de comercios en calles principales antes concurridas. Lo he oído en la frustración de estadounidenses que han visto la disminución de sus cheques o la desaparición de sus empleos; hombres y mujeres orgullosos de su trabajo que piensan que les cambiaron las reglas en medio del juego. ESTAN EN LO CORRECTO. LAS REGLAS HAN CAMBIADO. En una sola generación, las revoluciones tecnológicas han transformado nuestra forma de vivir, trabajar y hacer negocios....
Entonces, sí, el mundo ha cambiado. La competencia por empleos es real. Pero esto no debe desanimarnos, debe retarnos."*

Como podemos ver en el mensaje del Presidente de la nación americana, el cambio es algo que no se puede detener. Es inminente y la estretegia es enfrentar. Según un reporte económico entregado a una comisión creada por la Organización de las Naciones Unidas (ONU), en el 2010 existían 211 millones de personas sin empleo globalmente, y se necesitarán crear 470 millones nuevos puestos de trabajo en los próximos 10 años sólo para mantener el paso del crecimiento económico. Ahí es donde entramos en juego los fabricantes.

Los fabricantes entendemos la diferencia entre empleo y trabajo, y sabemos que es nuestra responsabilidad crear, buscar, explorar, encontrar y producir para nosotros y para todo aquel que nos rodea.

Desde el año 2001 vivo la vida del empresario. Luego de laborar en las esferas ejecutivas para una empresa multinacional, decidí dar un giro a mi vida y comencé el camino del fabricante independiente, estableciendo mi propia empresa de consultoría gerencial. Para muchos parece una vida excitante. El empresario decide cuánto gana, decide cuánto trabaja y decide cómo se gana la vida. El empresario tiene opciones. La realidad es que no es tan excitante y fácil como parece. Realmente es muy retante y requiere enfoque, pasión y agallas. Es por ello que el fabricante no deja de explorar. Es en esta etapa del cambio donde el fabricante se pregunta: ¿Qué ocurriría si...? ¿Cuáles son las posibilidades de...? ¿Con qué recursos cuento para...? Es ahí, en la exploración, donde comienza a sentir la energía de crear y pasa a la cuarta fase del proceso de cambio:

4. ACEPTACIÓN

Cuando acepta el cambio, el fabricante comienza a abrir su mente y su corazón para lograr ver lo que otros no ven. La diferencia entre vista y visión no está en los ojos, sino en la mente. Todo cambio real y genuino tiene que ser voluntario. Es en esta etapa donde dice: "No hay vuelta atrás. Este trabajo yo lo domino, esta industria yo la conquisto, este matrimonio lo voy a arreglar y mi relación familiar va a mejorar". Es cuando acepta donde está, y que vive en un mundo de oportunidades. Es donde quizá el mundo apuesta en su contra, pero usted se levanta y declara: "Yo soy diferente y yo voy a ganar".

Mientras los bancos mundiales disminuyeron su valor y credibilidad cuando sus acciones en el mercado llegaron a fracciones de un dólar, la empresa Apple aumentó su valor en 1,500 por ciento en esta década, convirtiéndose en una de las empresas más valoradas y respetadas del mundo. Mientras la industria de automóviles sufrió un cambio trascendental donde empresas tan poderosas como General Motors tuvieron que cerrar sus acciones y comenzar nuevamente, empresarios independientes como Mark Zuckerberg, Larry Page y Sergey Brin crearon nuevas empresas transformando la industria de las redes sociales, Internet y comunicaciones de una manera innovadora y trascendental. Es en el momento de aceptación donde el fabricante pasa al próximo nivel en las etapas del cambio y comienza a leer, buscar, aprender, encontrar y sentir la energía del...

5. COMPROMISO

Si acepta el reto de fabricar, de crear y de brindar soluciones a un mundo en cambios, hay que comprometerse. El compromiso es esencial para fabricar en grande, porque le aseguro que para ganar, hay que entregar. Ganar requiere tiempo, energía, pasión, lágrimas, caídas, aprendizaje y, si no está comprometido con su proyecto, es fácil quitarse y no continuar. Creo que las personas no salen de la mediocridad y no logran su potencial máximo no por falta de deseos, ganas o aspiraciones, sino por falta de enfoque, visión, consistencia y persistencia. Todas estas características se adquieren y afinan cuando existe un compromiso genuino con el proyecto de vida que se establezca.

Luego de años como empresario, apoyando a miles de personas a establecer sus negocios y hacer cambios trascendentales en sus vidas, le aseguro que sólo si se compromete a ejecutar, no importa los resultados iniciales, logrará éxito permanente. El compromiso siempre ocurrirá luego de pasar por las etapas anteriormente expuestas. Si una persona dice que está comprometida, pero aún está en la etapa de rechazo o negación, de seguro el supuesto compromiso no será duradero, ni el cambio será permanente.

Varias veces he escuchado el relato de un conquistador español, capitán de un navío de exploración y conquista del siglo XVI, que llegó a una isla del Caribe para conquistarla y dominarla. Cuando los marinos desembarcaron de la nave principal hacia la isla, vieron que la nave que acababan de dejar estaba ardiendo en llamas. Fue entonces cuando el capitán del navío les dijo: "He quemado todas las barcas, ahora no hay vuelta atrás. No saldremos de aquí sin conquistar, así que ganar es nuestra única opción". Hay momentos en la vida del fabricante que hay que quemar las barcas, quitar los espejos retrovisores y dejar como única opción el ir adelante. El fabricante del siglo XXI que ganará y dejará huellas será el que entienda que no hay barcas ni camino atrás, y que una vez se tomó el giro hacia la fabricación, el compromiso es total y absoluto. Es ahí donde comienza la cooperación, el trabajo en equipo y el éxito colectivo. Cada día es una aventura de logro donde se pasa a la sexta y última etapa del cambio:

6. RECONSTRUCCIÓN

Hace unos años fui contratado como orador para una conferencia muy singular en la que hablaría a un grupo de personas sobre cómo ganar y salir adelante, y presentarles herramientas de reconstrucción, sabiendo yo que, al próximo día, esas personas serían eliminadas de sus trabajos. La empresa que tomó la decisión deseaba dejarles algunas herramientas de apoyo en un momento difícil y de cambios repentinos. Al día siguiente, yo ofrecería una conferencia a otro grupo de empleados de la misma empresa que se quedarían en sus puestos, mientras los primeros eran informados sobre los cambios y la eliminación de sus empleos. En ese segundo grupo de personas, los que aún permanecerían en sus puestos, hubo todo tipo de reacciones: sorpresa, tristeza, agradecimiento por no ser uno de los despedidos y resignación. Una de esas reacciones en particular fue muy peculiar. Este joven decidió tomar como aprendizaje lo que vio ocurrir y pensó qué pasaría si él hubiese sido de los que estaba en ese primer grupo. Y aunque estaba contento de ser parte del grupo que aún permanecía laborando, decidió prepararse y salir de la negación de que "eso a mí nunca me pasará". Comenzó a prepararse económica, mental y emocionalmente por si algún día tuviese que pasar por un cambio similar.

Pasaron varios años y, debido a su enfoque, integridad y entrega por su trabajo, este joven se convirtió en un gran productor para la empresa, lo cual debería "garantizarle" su posición. Con el pasar de los años le fui conociendo personalmente y pasó de ser un participante en una conferencia a un buen amigo. Un día, debido a varios cambios en el enfoque de la empresa y en el trato con los empleados, mi amigo decidió tomar otro giro y renunció voluntariamente para comenzar una aventura empresarial, comenzando así el proceso de reconstrucción. Antes de tomar la decisión final, pasó mucho tiempo evaluando, discutiendo con su familia y mentores los beneficios y riesgos de esta decisión.

Aunque algunos piensen que esos procesos ocurren repentinamente, mi amigo tuvo muchos años de preparación y pasó por todas las etapas del cambio para lograr llegar a la reconstrucción. Recuerdo claramente las discusiones en nuestra oficina examinando cómo él fue explorando las alternativas, aceptando la realidad que vivía y las responsabilidades que estaba próximo a tomar como opción. Recuerdo su análisis de gastos, presupuestos, fortalezas, debilidades, riesgos y oportunidades al momento de decidir si comenzaba a reconstruir su vida. Y luego de unas semanas de pensamiento y varios años de preparación, se comprometió a dar el todo por el todo y comenzar a reconstruir su vida en el ámbito empresarial.

Esa es la vida de un fabricante en acción: aceptar el cambio como parte invariable del vivir, atreverse a comenzar nuevos caminos donde se abran oportunidades y, responsablemente, aceptar los retos que esto conlleva. No tengo duda que mi amigo Jorge tendrá éxito en su aventura empresarial porque está dispuesto a pagar el precio y a explorar, aceptar, y comprometerse diariamente para así construir un nuevo futuro para él, para su familia y para ser ejemplo a muchos de que hoy se puede FABRICAR EN GRANDE.

Identifique en qué etapa del cambio se encuentra. Posiblemente en ciertas áreas de su vida esté en resistencia o negación, mientras que en otras esté explorando o aceptando lo ocurrido y, posiblemente, en algunas esté totalmente comprometido o reconstruyendo un nuevo camino. Lo importante no es en qué etapa se encuentre, lo importante es que pueda reconocer qué hace falta para moverse a la siguiente. De seguro en el ámbito empresarial, familiar, espiritual, personal, financiero, social o laboral esté enfrentando cambios sin igual. Bienvenido al siglo XXI, a los retos que presenta y a las oportunidades que abre. Sólo aquellos que logren identificarlas, enfrentarlas y maximizarlas estarán listos para construir un nuevo mundo.

Cimientos de
FABRICACIÓN

1. El cambio no es una moda o la palabra del momento. Es algo que nos acompañará siempre.

2. El cambio es y no es algo natural para el ser humano.

3. Definición de cambio: "Concepto que denota una transición y que ocurre cuando se transita de un estado a otro".

4. El cambio no es bueno ni malo. Simplemente és.

5. Existen seis etapas del cambio:
   a. Resistencia
   b. Negación
   c. Exploración
   d. Aceptación
   e. Compromiso
   f. Reconstrucción

6. Sólo entendiendo, abrazando e identificando en qué etapa me encuentro en las diversas áreas de mi vida puedo progresar y crecer en el mundo económico de hoy.

Mapa de
CONSTRUCCIÓN

¿Qué áreas de mi vida puedo identificar como áreas en cambio? (Sea específico y piense en todas las áreas que rodean su existir.)

_____

_____

_____

_____

¿En cuáles de ellas me encuentro en rechazo? ¿Qué sentimientos tengo cuando pienso en ellas?

_____

_____

_____

¿En qué áreas puedo identificar que estoy en negación? ¿Qué me mantiene ahí o me impide ver la realidad?

_____

_____

_____

¿Tengo áreas en que estoy en plena exploración? ¿Qué aprendizaje y oportunidades he encontrado en esta etapa?

_____

_____

_____

Mapa de
CONSTRUCCIÓN

¿En cuáles eventos y cambios he pasado a la etapa de aceptación? ¿Ahora, qué haré para maximizar las oportunidades que se presentan y minimizar o eliminar los riesgos?

_____

_____

_____

_____

¿Qué nivel de compromiso requieren las áreas que deseo desarrollar? ¿Qué cosas tendré que dejar de hacer para enfocarme en el desarrollo de estas oportunidades? ¿Qué tiempo, esfuerzo e inversión requerirá de mí este compromiso?

_____

_____

_____

_____

¿Dónde forzaré yo el cambio? ¿Qué ocurrirá si no tomo la decisión?

_____

_____

_____

_____

2da parte
CONSTRUCCIÓN

El fabricante...

...entiende que solo no puede

...sabe que todo comienza con él

...cuida su lenguaje interno

...aprovecha la ventana de oportunidad

...es creativo e innovador

CONSTRUCCIÓN

En la primera parte estudiamos cuáles son las herramientas necesarias para comenzar la construcción de su fábrica de éxitos, pero sabemos que nada ocurre si no emprendemos la acción. Así que, con su plano hecho y las herramientas iniciales listas, comience la construcción de su fábrica de éxitos. Los siguientes capítulos lo capacitarán en el proceso de crear, construir y hacer realidad su sueño. Póngase el capacete de constructor y...¡a la carga!

El fabricante,
entiende que solo no puede

Al terminar el siglo XX una gran artista de renombre internacional no paraba de cosechar éxitos. Esta artista ha ganado varios premios Grammy y Emmy y vendió sobre cien millones de discos en la década de los noventa. Todo parecía ser perfecto cuando entrando el año 2000, Celine Dion paralizaba el mundo artístico y sorprendía a los fanáticos anunciando su retiro temporal de los conciertos debido a dos eventos trascendentales en su vida. Su esposo y manejador artístico, René Angélil, batallaba con cáncer en la garganta y ella deseaba detener su ajetreada agenda para poder formar una familia. Muchas veces en lo alto de la producción de un fabricante llegan momentos de prueba que requieren enfoque, evaluación de prioridades, decisiones firmes y mantener la fe y el trabajo. Durante los próximos años Celine batalló para lograr sus tres sueños principales: atender la enfermedad de su esposo, procrear un hijo y regresar a su pasión de vida que es dar el todo en cada espectáculo artístico.

Soy pianista, por lo cual disfruto mucho la música de altura y los buenos conciertos. Siguiendo las voces que hacen historia en el año 2003, compré un disco llamado "A New Day Has Come" ("Un Nuevo Día Ha Llegado"). Al escuchar las melodías, los arreglos, las letras e interpretaciones exquisitas de la que considero una de las mejores artistas del mundo, me doy cuenta que Celine, como buena fabricante se había levantado nuevamente a producir.

El disco tenía, no solo el CD musical, sino que también incluía un video en DVD. Al verlo, me percaté que meses más tarde, Celine iniciaría una serie de conciertos proyectados para tres años en un solo lugar. Éste, de por sí, era un dato sin precedentes, pues significaba que si alguien deseaba ver a Celine en concierto, tendría que viajar a la ciudad de Las Vegas para asistir al espectáculo "A New Day". El video incluía los detalles del concierto, la coreografía y luces, además de entrevistas, fotos, promociones y hasta los preparativos del coliseo que iba a ser construido específicamente para este concierto.

Después de disfrutar de esta información durante quince minutos, decidí que iría a lo que parecía ser un gran espectáculo. Gracias a la magia del Internet, esa misma noche aseguré asientos para una función que tendría lugar en cinco meses.

Finalmente llegó el gran día. Y la verdad es que la espera valió la pena. Fue un concierto único, balanceado y fino, con todos los detalles cuidadosamente ejecutados. Había viajado hasta allá para ver a una cantante. Una persona cuyo desempeño como solista ha sido aclamado en el mundo entero. Los conciertos se expandieron a cinco años y sobre tres millones de personas asistieron a lo que aún es considerado el éxito mayor de un artista en un sólo lugar. Pero, *¿qué hizo de ese concierto algo tan especial?* ¿Celine? No.

El concierto estuvo lleno de luces, movimiento, profesionalismo y efectos audiovisuales. Como era de esperar, el concierto finalizó con la canción "My Heart Will Go On" (tema de la película "Titanic"). En esos momentos 4,500 personas aplaudimos reconociendo una noche especial. Celine simplemente agradecía la muestra de amor de su público. De repente, Celine Dion gira hacia la parte de atrás del escenario y, al iluminarse, docenas de personas bajaban de todos lados para unirse a Celine en el cierre del concierto.

Al salir del concierto compré un libro que explicaba todos los detalles de su planificación y creación, y fue allí donde identifiqué lo que considero uno de los principios básicos del fabricante en grande:

El fabricante sabe que solo no puede.

En el concierto hubo momentos en los que alrededor de cuarenta personas actuaban y bailaban sobre la tarima. Luces, escenografía, músicos y hasta ujieres hicieron de esa una noche sin igual. Al analizar lo vivido, identifico que cientos de personas son parte activa del concierto: desde las más notables (Dragone, Rene y Lemay) hasta los músicos, el personal técnico y artístico, e incluso el personal médico. Todos conforman el equipo que hace de este espectáculo algo tan especial. Hay cientos de personas que trabajan arduamente detrás del espectáculo "A New Day" de Celine Dion, considerado por muchos como el logro y exposición de una sola persona.

En el libro *Las 17 Leyes Incuestionables del Trabajo en Equipo*, John C. Maxwell, famoso escritor de temas de liderazgo, señala que: "Por sí solo, nadie ha podido hacer algo de valor". Ese concierto probó claramente este planteamiento. Es un mito pensar que una sola persona pueda hacer algo grande, algo impactante, algo permanente.

El fabricante sabe que para crear en grande tiene que contar con un equipo, tiene que conformar un equipo que fabrique con él. Sus habilidades pueden ser múltiples, incluso consideradas especiales (como en el caso de Celine Dion), pero por más habilidades que tenga, el fabricante reconoce que el proceso de fabricación es arduo y requiere estar pendiente de muchos detalles. Si deseamos fabricar permanentemente y que no escasee, tenemos que contar con un equipo de ensueño: un equipo ganador.

El fabricante no se limita a contar con sus habilidades, sino que logra complementarlas con las habilidades de un equipo.

¿Cómo construimos ese equipo de ensueño? Existen ocho factores a tener en cuenta en la creación de equipos para fabricar en grande:

1. **Los equipos eliminan el individualismo**

   El deporte es uno de mis pasatiempos favoritos; me encanta verlo, practicarlo y analizarlo. En el año 2010 vimos cómo un equipo de baloncesto de la NBA, los Miami Heats, reunía a los mejores jugadores en sus respectivas posiciones. Al analizar las cualidades de cada uno de esos jugadores, cualquiera tendría que haber llegado a la conclusión de que por muchos factores, ese era el mejor equipo de la liga. Como se podrá imaginar, muchos veían y seguían los juegos en los que participaba ese equipo. Pero, ¿qué lugar cree usted que obtuvo en la lucha por el campeonato? El segundo lugar. Ese equipo que contaba con un grupo de estrellas, fue dominado por el equipo de Dallas; un equipo con jugadores unidos y compenetrados. Miami tenía excelentes jugadores individuales, pero nunca lograron salir del individualismo.

   Michael Jordan, reconocido por muchos como el mejor jugador de baloncesto en la historia de este deporte, escribió en su libro *Mi Filosofía del Triunfo*: "Los individuos ganan juegos, pero los equipo ganan campeonatos". Para ganar en grande, el equipo tiene que romper con la tendencia individualista y unirse.

2. Los equipos tienen una meta común

Durante mi experiencia en el mundo corporativo, con frecuencia trabajé en proyectos que involucraban a muchas personas, pero no había una meta clara. ¿Cuántos proyectos, comités o matrimonios se reúnen todos los días a dialogar sobre los asuntos, las situaciones y los pasos que hay que seguir, sin tener una meta clara y sin saber qué específicamente están buscando?

Por otra parte, como consultor corporativo he trabajado con múltiples equipos, y cuando les he preguntado individualmente cuál es el objetivo de su proyecto, para mi sorpresa y la de todos, en más de un ocasión he recibido como respuesta diez objetivos, interpretaciones y explicaciones diferentes por parte de las diez personas que componen el equipo.

Cuando forme su equipo de fabricación, primero que todo pregúntese cuál es el objetivo que todos están buscando. Y lo que es más importante, pregúntese si este objetivo está claro en la mente de todos los que conforman el equipo. Ya sea que esté formando un equipo con su pareja para alcanzar una meta familiar, o que pertenezca a un equipo de análisis de procesos en su empresa, el objetivo tiene que ser común, simple y tiene que estar claramente definido para todos.

3. Los equipos se unen en la adversidad

El portaaviones Intrepid de la marina de los Estados Unidos sirvió a su nación desde 1943 hasta 1974. Actualmente, el Intrepid es el Museo del Aire, el Mar y el Espacio localizado en la bahía de la Ciudad de Nueva York. Su interior está lleno de historias, experiencias y anécdotas de cómo miles de personas vivían meses en alta mar en esta ciudad flotante. Al entrar, te presentan un video de unos minutos narrando la historia del barco y sus misiones. Una de las cosas que más me impresionó de ese video es una frase dicha por uno de sus capitanes a cargo, John W. Fair: "Éramos un grupo de sobre 3,200 personas que al sonido de un llamado, nos convertíamos en uno".

El adiestramiento básico en el ejército es muy duro, a veces con fricciones y disgustos que ponen a prueba la tenacidad, la integridad y el carácter de cada miembro del batallón. Pero el objetivo final del entrenamiento básico es lograr un equipo unido para enfrentar la adversidad. Cuando están en la batalla, los soldados saben que para triunfar hay que pasar por las adversidades JUNTOS.

En la vida, el proceso es el mismo. Usted tiene un batallón que lo acompaña diariamente. En el trabajo, ese batallón incluye a sus compañeros, su supervisor y otras personas que le dan apoyo estratégico. En la familia, éste incluye a su pareja, sus hijos, sus padres y otros miembros que lo apoyan y lo animan. En sus estudios, en su negocio propio, en su práctica deportiva o en la iglesia, con toda seguridad tiene a su alrededor a un equipo de personas que lo apoyan. Lo importante es que establezca suficientes lazos de unión durante el proceso de creación, adiestramiento y consolidación del equipo, para que en los momentos de adversidad los integrantes se mantengan unidos y apoyándose unos a otros.

La historia está llena de personas que lograron grandes adelantos en medio de la adversidad y ganaron porque eran parte de un equipo que se mantuvo unido y que se dio apoyo en todo momento.

4. Los equipos se regocijan con el logro colectivo

En pocas palabras, cuando un equipo gana, ganan todos sus integrantes. Una de las dinastías más recordadas de la historia de la NBA es la de los Bulls de Chicago y su famoso jugador Michael Jordan. Este equipo ganó seis campeonatos en un lapso de ocho años. Hay jugadores en ese equipo que no pisaron activamente la cancha en los juegos de la serie, pero siempre estuvieron listos para desempeñarse cuando el equipo así lo requiriera. Sin embargo, en el juego final, cuando el reloj de tiempo marcaba el final del partido, todo el equipo se regocijó, brincó y celebró la victoria. Todo el equipo se había convertido en el campeón y todo el equipo recibió la sortija de campeonato. Porque cuando usted es miembro del equipo campeón, usted es campeón.

5. Los equipos saben que sus miembros no son iguales

La diversidad es lo que une al equipo. Cuando conforme su equipo de fabricación y productividad, reconozca las diferencias que existen entre usted y cada uno de los miembros del equipo. Lo que enriquece al equipo son estas diferencias. El apóstol Pablo lo explica claramente en la primera carta a los miembros de la Iglesia de Corintio:

Si todo el cuerpo fuera ojo, ¿qué sería del oído? Si todo fuera oído, ¿qué sería del olfato? Y si todos fueran un solo miembro, ¿qué sería del cuerpo? El ojo no puede decir a la mano: "No te necesito"; ni tampoco la cabeza a los pies: "No os necesito". La verdad es que los miembros del cuerpo que parecen ser los más débiles son los más necesarios. Así fuimos formados todos, con el fin de que en el cuerpo no haya división, sino que los miembros del cuerpo tengan el mismo cuidado unos por otros.

En un momento, en el mundo corporativo se pensaba que había fortaleza en unir personas con antecedentes, intereses y pensamientos similares para producir. En contraste, en el mundo competitivo y globalizado de hoy es imperativo que los equipos de trabajo sean multidisciplinarios, aportando diversidad de experiencias, puntos de vista y pensamientos. Es normal ver en las grandes empresas de vanguardia, un equipo de trabajo con integrantes con estudios tan diversos como administración, artes, humanidades, tecnología, música y diseño. Son estos equipos los que en el siglo XXI logran productos tan impactantes como el iPad de Apple. Un equipo tecnológico cuyo estilo, diseño y funcionalidad sobrepasa por mucho lo esperado de un grupo puramente técnico. Este equipo electrónico es reconocido por su diseño, su facilidad de uso, su belleza de construcción y aplicabilidad a las artes, ciencia, educación y productividad, entre muchas otras áreas. Esto es logrado por la diversidad de pensamientos y puntos de vista a la hora de crear y fabricar.

6. Los equipos promueven la discrepancia

Es una tendencia natural buscar personas que piensen, actúen, sientan y se comporten similar a como nosotros lo hacemos, pero esto limita nuestro crecimiento y aprendizaje. En un artículo de la revista Fortune se comenta que tanto la empresa Dell, una de las más grandes del mundo en la fabricación de computadores, como la empresa Apple y Microsoft, las dos empresas más grandes en la creación de programas y equipos tecnológicos, valoran y promueven la discrepancia y la reconocen como el proceso donde el equipo se nutre de los valores, divergencias y los aportes individuales.

Yo, personalmente, vi cómo se desmanteló un excelente equipo de trabajo en una empresa multinacional, debido a que su más alto directivo deseaba y requería que todo el mundo estuviera de acuerdo con él. Tal equipo había generado niveles muy altos de rendimiento para la empresa, con un porcentaje de crecimiento anual de doble dígito año tras año, llegando a ser reconocido como uno de los equipos más innovadores y productivos del mundo. Pero el nuevo director ejecutivo padecía del "síndrome del sargento": todo el mundo tenía que contestarle "¡Si, señor!" En menos de dos años las ganancias de esta empresa cayeron a menos de la mitad, y el equipo gerencial elite se desintegró.

Para crecer, los músculos primero necesitan resistencia. Asimismo, para llegar a sus más altos niveles de logro, todo equipo requiere diversidad, resistencia y discrepancia. Solo así crece. Estoy seguro de que detrás de aquella noche tan especial en Las Vegas con Celine Dion, hubo muchos momentos de preparación, discrepancias, diversos puntos de vista y revisiones. Esto hizo de aquella noche algo único e inolvidable y lo convirtió en el mayor éxito de espectáculo en la historia de Las Vegas.

7. **Los equipos requieren el respeto mutuo**

Recordemos nuevamente la película "Duelo de Titanes". El entrenador Boone enfrenta el gran reto de asumir un equipo de fútbol americano muy talentoso, pero totalmente desunido y con prejuicios raciales. Lo que marca la diferencia en ese equipo y lo convierte en ganador, comienza con un campamento intensivo en el que los miembros del equipo tienen que interactuar, hablar, compartir y aprender a jugar unidos. El acierto más grande del entrenador Boone fue lograr que los miembros del equipo se respetaran entre sí. A la hora de la verdad, cuando tenían que desempeñarse juntos, sabían que podían confiar el uno en el otro, pues conocían sus similitudes y discrepancias y, por ello, se respetaban.

Respete a las personas que conforman su equipo de fabricación. Cada una de ellas tiene algo que aportar en la consecución de la meta final. En el libro *Las 21 Leyes de Liderazgo* de John C. Maxwell, se establecen las bases para un liderazgo verdadero y duradero. La ley número siete se llama "La Ley del Respeto" y establece que "las personas, por naturaleza, siguen a líderes más fuertes que ellos mismos". Lo interesante es que esa fortaleza no se adquiere por fuerza física, gritos y mandatos, sino que se refleja y se logra brindando confianza, resultados, comunicación y acción.

8.   Los equipos pagan el precio

Hay un refrán muy común que dice: "Nada en la vida es gratis". Si usted desea algo, tiene que pagar el precio. Ya sea que vaya a adquirir algún objeto o desee que los músculos de su cuerpo se tonifiquen por medio del ejercicio, tiene que pagar un precio.

Este principio se aplica cabalmente en la conformación de equipos de trabajo, los cuales tienen que pagar varios precios: el precio del tiempo, el de la unión, las presiones, las prácticas, las discrepancias, las fricciones y la preparación. En fin, para crecer, hay que pagar el precio.

Comience a buscar su equipo de fabricación. En el trabajo, por ejemplo, tiene a su lado compañeros que son fabricantes, personas con las cualidades de liderazgo para jugar en equipo y buscar soluciones. Identifique sus aliados en la fabricación; aquellas personas con las que puede contar para lograr sus proyectos y metas. Ellas son parte de su equipo de confianza. En su hogar, iglesia o comunidad, hay personas listas para formar un equipo de producción con usted.

Al inicio de este libro identifiqué dos tipos de personas: los fabricantes y los comelones. Una de las características que diferencia a estos dos grupos es que:

Los fabricantes en grande son nutrientes.

Son nutrientes de sueños, nutrientes de ánimos, nutrientes de planes, ideas, posibilidades y oportunidades. En fin, son nutrientes para las personas que los rodean. Por otro lado, los comelones son tóxicos. Tóxicos para la energía, los ánimos, los planes e, incluso, para la salud.

Para ser feliz, productivo y próspero, usted tiene que ser un fabricante en todos los aspectos de su vida. Comience por identificar quiénes son las personas que están a su lado y que nutren sus planes y sus sueños y, sobre todo, que lo animan y le aportan para alcanzar su meta, es decir, que estimulan su visión y su misión de vida. Como buen fabricante, usted sabe que solo no puede hacerlo todo. Por lo tanto, identifique los pasos necesarios para lograr eso que tanto desea. Identifique sus fortalezas y sus debilidades, las áreas en las que sobresale y se desempeña mejor que nadie, y las áreas en las que otra persona puede aportar mejor que usted.

Uno de los mitos del liderazgo corporativo del siglo XXI es pensar que una persona tiene que hacerlo todo, o que tiene que demostrar a otros que es autosuficiente. Hay un dicho muy común en el mundo corporativo: "Si desea que algo quede bien hecho, hágalo usted". Pero, en realidad, quien piensa de esta manera simplemente está limitando sus logros. Por ello, el verdadero dicho debería ser:

Si pretende hacerlo todo, logrará muy poco.

Naturalmente, los líderes tratan de probarse a sí mismo y ante otros, y eso los lleva a tratar de minimizar y esconder sus debilidades ante otras personas. Por lo tanto, puede ser una tendencia natural el hecho de querer trabajar solo e intentar demostrar que se es un superhéroe. La realidad es que los grandes líderes no son superhéroes, son personas que maximizan sus fortalezas y delegan sus debilidades.

No le tema a las debilidades, pues realmente son oportunidades. Imagine que Celine Dion tuviera que cantar, tocar los instrumentos, bailar, manejar las luces y construir el coliseo. Suena ridículo, ¿verdad? *¿Cuántos de nosotros hemos intentado hacerlo todo en un proyecto, en un negocio o en la vida familiar?* No podemos hacerlo todo, hay que contar con un equipo; un equipo ganador para poder fabricar en grande, un equipo de fabricantes nutrientes.

El verdadero líder reconoce que sus debilidades son las oportunidades
para que las fortalezas de otros sobresalgan.

No caiga en la trampa de tener que "demostrar". Muchos creen tener que demostrar que son los mejores, pero pueden terminar comportándose como sabelotodos y autoritarios. No confunda su área de autoridad con su área de competencia. Su área de autoridad es la que cae bajo su responsabilidad. Ahora, seguro que hay áreas en su vida, en su trabajo o en su negocio que caen bajo su responsabilidad, pero en la que usted no tiene el conocimiento pleno ni la preparación para desempeñarse con máxima eficiencia. Éstas son las áreas que están bajo su autoridad pero fuera de su área de competencia. Aunque son totalmente diferentes, estas áreas están relacionadas. Todos los líderes y todos los fabricantes en grande entienden la diferencia entre estos dos conceptos. Un buen fabricante sabe que su área de autoridad es mucho más amplia que su área de competencia, conocimiento o experiencia. Ésa es la magia del verdadero fabricante: sabe que solo no puede y, por lo tanto, tiene todo un equipo fuera de su área de competencia natural, que se desempeña dentro de su propia área de autoridad.

Existe un dicho promocional muy utilizado en los estantes de ventas para atraer consumidores: "Obtenga más por menos". Estoy convencido de que en la gerencia y en la vida, como fabricantes, podemos adaptar ese dicho de la siguiente manera: "Haga menos por más". Lo que quiero decir es que mientras menos cosas intentemos realizar solos, más permitiremos que otros sobresalgan en sus habilidades naturales. Recuerde que sus debilidades son oportunidades para otras personas sobresalir.

El fabricante maximiza sus fortalezas y delega sus debilidades.

Cimientos de
CONSTRUCCIÓN

1. Si solamente cuenta con sus propias habilidades se estará limitando. Compleméntelas con las habilidades de su equipo de fabricación.

2. Los factores que hay que tener en cuenta en la creación de equipos de trabajo para fabricar son:
   • Los equipos eliminan el individualismo
   • Los equipos tienen una meta común
   • Los equipos se unen en la adversidad
   • Los equipos se regocijan con el logro colectivo
   • Los equipos saben que sus miembros no son iguales
   • Los equipos promueven la discrepancia
   • Los equipos requieren el respeto mutuo
   • Los equipos pagan el precio

3. Pase más tiempo con las personas nutrientes y evite las personas que pueden ser tóxicas en su vida.

4. El dicho popular es: "Si desea que algo quede bien hecho, hágalo usted". El pensamiento del fabricante es: "Si pretende hacerlo todo, logrará muy poco".

5. Sus debilidades son oportunidades para que las fortalezas de otros sobresalgan.

6. Dedique tiempo a maximizar sus fortalezas y delegar sus debilidades.

Mapa de
CONSTRUCCIÓN

Responda las siguientes preguntas pensando en los proyectos en que está trabajando actualmente o en los que tiene proyectado realizar:

¿Qué habilidades, destrezas y experiencias son necesarias para llevar estos proyectos a cabo?

_____

_____

_____

_____

¿Cuáles son mis habilidades naturales?

_____

_____

_____

_____

¿Cuáles son mis debilidades y las áreas en las que debo mejorar?

_____

_____

_____

_____

¿Cuáles de esas áreas puedo delegar en otras personas?

_____

_____

_____

_____

Mapa de
CONSTRUCCIÓN

¿Cuál es el plan de acción para mejorar en las áreas que no puedo delegar? (Establezca fechas.)

_____
_____
_____
_____

¿Quiénes componen mi actual equipo de fabricación?

_____
_____
_____
_____

¿Qué miembros de mi actual equipo de fabricación nutren mi visión, mi misión y mi sueño? (Analice esto en su trabajo, su hogar, sus finanzas, su familia, su círculo de amigos y su negocio.)

_____
_____
_____
_____

CAPÍTULO

8

El fabricante,
sabe que todo comienza con él

En el verano de 2002 tuve la oportunidad de visitar Grand Rapids en Ada, Michigan, un pueblo pequeño, pero con mucha vida. Al llegar, nos detuvimos en una estación de gasolina y notamos que enfrente había un bello edificio en cuya fachada se leía: "Richard (Rich) DeVos University".

Minutos más tarde llegando al hotel noté que al lado se levantaba un grandioso y majestuoso coliseo llamado Van Andel Arena. Después, al caminar por la ciudad, vi el Hospital para Niños DeVos, el Museo de Arte Van Andel, el Centro de Convenciones Van Andel y el Centro de Bellas Artes DeVos. En fin, parecía que estas dos personas habían construido toda la ciudad. Sin lugar a dudas eran fabricantes. Pero, ¿quiénes son estas personas? ¿Cómo comenzaron esta revolución que evidentemente afectó de manera positiva a todo un pueblo?

Rich DeVos y Jay Van Andel han sido reconocidos como dos de los empresarios más grandes del mundo. Por todo el globo terráqueo se expanden sus múltiples empresas, reconocidas como una de las mejores en sus respectivas ramas: nutrición, tecnología y manufactura; en fin, se trata de fabricación en grande. Ambos han recibido muchos premios por sus aportes empresariales, cívicos, ambientales, filantrópicos y educativos.

Directamente, estos empresarios tienen alrededor de una decena de miles de personas laborando en sus empresas y han ayudado indirectamente a millones de personas con su mensaje de libre empresa, además de brindar oportunidades para la generación de ingresos residuales y complementarios. Son grandes ejemplos del principio básico de los fabricantes en grande:

El fabricante reconoce que solo no puede, pero sabe que todo comienza con él.

En sus comienzos, en la década de los cuarenta, este dúo empezó con un gran sueño y una meta clara: ser dueños de negocios, brindar algo de valor a la sociedad y traer bienestar para sus familias. Eran sólo dos jóvenes soñadores con energía y muchos planes. No venían de familias adineradas ni de posiciones acomodadas, simplemente tenían sueños, como muchos jóvenes de su edad en su ciudad natal de Grand Rapids.

Pero hicieron algo más que soñar: transformaron ese sueño en deseo, el deseo en anhelo ardiente y, lo más importante, el anhelo ardiente en acción. Sabían que si algo habría de ocurrir, ellos tenían que hacerlo suceder y no esperar. Temprano en sus vidas identificaron lo que todo buen fabricante sabe: ¡Todo comienza con uno!

Como se imaginará, en el camino no todo fue éxitos y logros. Pasaron por momentos difíciles con empresas en las cuales enfrentaron retos y caídas; hubo momentos en los que dudaban si podrían continuar. Si usted lee sus biografías, *Una vida emprendedora*, de Jay Van Andel, y *Capitalismo Solidario*, de Rich DeVos, encontrará dos jóvenes posiblemente con sus mismas inquietudes, miedos, deseos, sueños y planes. Jóvenes que simplemente comenzaron a crear su propio camino y que tal vez jamás imaginaron que sus aventuras en el camino empresarial ayudarían a millones de familias en su propia aventura de lanzarse a ser creadores de oportunidades.

Yo he tenido la oportunidad de conocer personalmente a la familia DeVos y a su patriarca, el señor Rich DeVos, un fabricante lleno de sabiduría, enseñanzas y éxitos comprobados. De hecho, ha llegado a figurar en el listado de Forbes entre los diez estadounidenses más adinerados. Uno de los planteamientos que más me ha llamado la atención es el que expresó cuando él mismo definió su fórmula del éxito: "Simplemente he sido alguien que se ha levantado diariamente a trabajar".

Durante los años en que laboré en el empresa privada, y ahora que soy consultor de empresas, he encontrado una y otra vez personas que llegan a su lugar de trabajo a las 8:30 de la mañana y comienzan la rutina de los comelones de queso: toman café, saludan al compañero, leen el periódico, entran al Internet, comentan lo ocurrido del día anterior, en fin, no comienzan a trabajar propiamente sino hasta las 9:15. Pero recordemos que a las 9:30 es hora de tomar el café de la mañana, y así pasan todo el día entre reuniones improductivas, llamadas personales y conversaciones triviales. Luego se preguntan por qué se acabo el queso en su estación.

El fabricante reconoce que él único sitio donde el éxito precede al trabajo es en el diccionario.

Adopte el hábito de los fabricantes: levántese cada día a fabricar, a buscar, a dar, en fin, a trabajar. Adopte una filosofía muy sencilla: cuando vaya a trabajar, trabaje. Haga que las cosas ocurran. No espere a mañana, hoy es el día para comenzar a fabricar. Recuerde que si todos fabricamos, nunca se acabará.

Por lo tanto, podríamos decir que, en un sentido creador, el fabricante es un catalizador, es decir, una "persona que con su presencia o intervención es capaz de hacer reaccionar un conjunto de factores". El catalizador es el que hace que las cosas ocurran, el que logra que el grupo salga de la inercia, el que comienza la acción. El catalizador es el protagonista, el que enciende la llama.

Los fabricantes son catalizadores de éxito.

¿Qué es un catalizador de éxito? Como sabemos, nada se produce por generación espontánea. Hace falta alguien que prenda la chispa y desencadene una serie de actividades para llevar a cabo un proyecto, una empresa o, en general, alcanzar una meta. Los catalizadores saben que muchas veces estarán solos y que posiblemente no contarán con el apoyo o la aprobación de los otros. Pero aun así, son las personas que trazan el cambio y no se quedan solamente mirándolo. Emprenden la acción y abren el camino para ellos y para todo aquél que los siga. Son los verdaderos fabricantes y su labor principal es hacer que las cosas ocurran, no esperar a que las cosas pasen.

Hace muchos años adopté una expresión que me acompaña en todos los proyectos, negocios y actividades que emprendo. Incluso la tenía siempre presente cuando laboré en la banca, y gracias a ella coseché muchos logros y éxitos. Luego, al levantar SC Enterprises, la adopté como el lema principal.

La única manera de predecir el futuro es haciéndolo ocurrir.

Hay muchos ejemplos de catalizadores en el mundo. Personas que comienzan proyectos, empresas, programas y movimientos para lograr soluciones y opciones de vida, para que otros logren un mundo mejor. El reto es que cuando comienzas el proceso de ser un catalizador estás haciendo historia y, por lo general, "no sabes que haces historia, cuando haces historia".

Michael Jordan era un catalizador para su equipo de baloncesto. Bajo su tutela el equipo ganó seis campeonatos en ocho años. Lo que hacía grande a Michael no es que él era grande. Lo que hacía grande a Michael es que hacía grande a todo el que estaba a su alrededor.

Steve Jobs fue un catalizador de éxito. Desde un principio su objetivo fue cambiar al mundo y brindar herramientas tecnológicas que facilitaran la vida y así cambiar la forma de operar, interactuar, entretenerse, dialogar y vivir. No solo logró el éxito, sino que ha creado un movimiento que ha convertido su marca y empresa Apple en la más respetada y valorada del mundo.

Sam Walton, fundador de Walmart, fue un catalizador. Desde su pequeño pueblo, Bentonville en el estado de Arkansas, soñó con comenzar una empresa que apoyara a su familia, beneficiara a su pueblo y honrara a Dios. Trabajó cada día con esa misión en mente. Citando sus propias palabras: "Aportó, trabajó y creó un día a la vez".

Aunque puedo citar a muchas personas de la historia que fueron catalizadores de éxito, Madre Teresa Calcuta, Mahatma Gandhi, Winston Churchill y Jesús de Nazaret, estos no se encuentran fácilmente entre la masa. El ser un catalizador es una cualidad necesaria en todo proyecto, pero escasea por naturaleza. Es muy normal ver en equipos, gobiernos, familias y comunidades el que todos estén esperando que otro comience, que otro haga y que otro tome la responsabilidad que tenemos todos como fabricantes, pero que solamente adoptan y ejercen los catalizadores de éxito.

Los catalizadores de éxito tienen siete características principales:

1. **Son optimistas**

   Siempre ven lo mejor de las oportunidades. Para ellos no existe el "no se puede". Mientras otros se enfocan en los problemas, ellos se enfocan en las soluciones. Su lema es: "Sí se puede y lo lograremos". Recordemos a Winston Churchill en medio de la desolación de la Segunda Guerra Mundial. Cuando todo se veía perdido y sin salida, él continuaba cantando victoria, haciendo su clásica señal con las manos declarando la victoria continua al pueblo británico.

2. Son consistentes y persistentes

En ocasiones las personas confunden estas dos palabras que, aunque se relacionan entre sí, son muy diferentes. Primero, el catalizador es consistente, y esto significa que una vez encuentra el camino, repite la acción exitosa una y otra vez. Ahora bien, hay personas consistentes que no son persistentes. La persistencia es continuar la acción hasta llegar a la meta o resultado deseado. La consistencia del catalizador lo lleva a seguir cuando otros paran, y la persistencia le asegura que la acción no sólo será continua, sino que seguirá hasta obtener el resultado deseado. El discurso más conocido y repetido de Winston Churchill refleja claramente lo que es la persistencia. Su mensaje emblemático simplemente decía: "Nunca, nunca, nunca te rindas". Lo grande del señor Churchill no es que dijo esas palabras con su boca, sino con su ejemplo de vida.

3. Son apasionados con lo que hacen

Para los catalizadores, lo que hacen no es sólo un "trabajo", pues es un placer lograr algo. Esa pasión puede ser positiva y manifestarse con entusiasmo y energía o, por el contrario, puede ser generada por frustración y coraje. No importa cómo se manifieste, ellos utilizan esa energía para llegar a la meta y, sobre todo, la transmiten a otros.

En ocasiones, son tan apasionados y lo demuestran tanto, que las personas a su alrededor se asustan con su energía y desenvoltura, o con sus exigencias y demandas por perfección. Es una pasión energética, una pasión que mueve, una pasión catalizadora.

4. Son creativos

Están orientados hacia resultados y siempre buscarán la manera de obtenerlos. Por naturaleza, su nivel de creatividad es muy alto.

No sólo buscan la solución, sino también buscan continuamente la mejor manera de hacer las cosas. Steve Jobs, uno de los catalizadores más prominentes y respetados del siglo, buscaba constantemente la perfección en sus productos. En esa búsqueda que nunca termina, rehízo la industria de teléfonos, ordenadores, tabletas electrónicas, música digital y ventas por Internet. En su afán por buscar más, creó lo impensable.

5. No buscan ser estrellas, buscan crear estrellas

Los verdaderos catalizadores del éxito tienen dos metas principales. Primero, comenzar la acción encaminada hacia el logro de la meta y, segundo, asegurarse que el equipo sobresalga colectivamente. De hecho, ellos saben que su labor es crear otros líderes y enseñarles a ser estrellas. No caen en la trampa de la fama, pues su objetivo es claro y, por lo tanto, ésta no los deslumbra.

Un catalizador sabe que podrá ser aclamado por lo que haga, pero tiene muy claro cómo manejar la fama. Hace algunos años Tim Foley, un gran mentor para mí, me dijo: "Haz con la fama como con la goma de mascar; disfrútala mientras dura, pero nunca te la tragues." Con el pasar de los años, cuántas personas (ejecutivos, artistas, empresarios y hasta empresas) he visto caer desde lo más alto del éxito porque no pudieron manejar la fama, el elogio y lo que lograron, y pensaron que eran las estrellas, por lo cual, se estrellaron.

6. Ven posible lo imposible

Por todas las características y los atributos mencionados, los catalizadores hacen cosas que para otros parecen imposibles. Para ellos la palabra "imposible" significa simplemente el mensaje de que hacen falta algunos cambios, y simplemente eliminando las primeras dos letras hacen que sea "imPosible".

Por tanto, están conscientes de que es su responsabilidad dar inicio a la acción; no temen intentar, explorar, ser propulsores de movimientos. Son los catalizadores los que hacen realidad las palabras de la famosa canción de Joan Manuel Serrat: "Caminante no hay camino, se hace camino al andar".

¿Qué vemos en el presidente John F. Kennedy cuando creía que era posible que el ser humano llegara a la luna? Un catalizador. ¿Qué vemos en los hermanos Orville y Wilbur Wright cuando pensaron en la posibilidad de volar como las aves? Unos catalizadores. ¿Qué vemos en Bill Gates cuando expresó, en la década de los setenta del siglo XX, que veía un mundo donde todos los hogares tuvieran un computador? Un catalizador.

Ahora bien, ¿fueron ellos catalizadores sólo por lo que vieron que era posible?

¡No! Ellos son catalizadores por una cualidad específica, una cualidad esencial. Ésa es la séptima característica que los separa de los fantasiosos o meros soñadores. Los catalizadores...

7. Actúan

El presidente John F. Kennedy no sólo veía al hombre en la luna, sino que inició y se comprometió con el programa espacial. Los hermanos Wright no sólo veían al hombre volar, sino que estudiaron, experimentaron, se arriesgaron y construyeron el primer avión. Bill Gates no sólo veía el computador en cada hogar, sino que desarrolló toda la industria de programas para que fuera útil y necesario tener un computador en cada hogar.

Los catalizadores son personas de acción. Lo que dicen, planifican y ven, en efecto, lo hacen ocurrir. Ellos saben que uno solo no puede, pero que todo comienza con uno.

Usted, compañero fabricante, ¡sea un catalizador de éxitos! Sea el que impulsa y comienza la búsqueda del la excelencia y del éxito. El éxito de la felicidad en su hogar comienza con usted. El éxito de ascensos y logros en su profesión comienza con usted. El éxito en su propio negocio, o la idea que desea desarrollar, comienza con usted. El éxito y la felicidad de los logros, la paz interior, la alegría y una mejor vida... comienza con usted.

Usted sabe que si todo esto va a ocurrir es porque usted es un fabricante de éxitos en GRANDE.

Cimientos de
FABRICACIÓN

Necesitamos un equipo, porque solos no podemos. Pero todo comienza con un catalizador.

8. El fabricante reconoce que el único sitio donde el éxito precede al trabajo es en el diccionario.

9. Sea un catalizador de éxitos: "Una persona que con su presencia o intervención es capaz de hacer reaccionar un conjunto de factores hacia el éxito".

10. Características de los catalizadores del éxito:
    • Son optimistas
    • Son consistentes y persistentes
    • Son apasionados con lo que hacen
    • Son creativos
    • No buscan ser estrellas, crean estrellas
    • Ven posible lo imposible
    • Actúan

11. La única manera de predecir el futuro es haciéndolo ocurrir.

12. Todo comienza con usted. Y comienza hoy.

Mapa de
CONSTRUCCIÓN

Responda las siguientes preguntas pensando en los proyectos, las metas y los sueños que definió en el capítulo anterior:

¿Con qué paso debo comenzar?

_____
_____
_____
_____

¿Cómo puedo ser un catalizador para que mi equipo se mueva hacia el éxito colectivo?

_____
_____
_____
_____

De las siete características del catalizador, ¿cuáles poseo ya? ¿Cómo las puedo maximizar? ¿Cuáles no poseo? ¿Qué plan de acción tengo para desarrollarlas?

_____
_____
_____
_____

¿Qué proyectos debo comenzar para que en efecto ocurran? (Piense en su vida profesional, personal, social, afectiva y espiritual.)

_____
_____
_____
_____

El fabricante,
cuida su lenguaje interno

Al comenzar la década del 2010 fui invitado como orador a un simposio profesional y empresarial. En el mismo, la Sociedad de Profesionales en Desarrollo y Adiestramiento (ASTD, por sus siglas en inglés) me solicitó hablar con sus miembros y participantes de su congreso sobre cómo habíamos desarrollado, mantenido y crecido una empresa de consultoría y transformación de culturas empresariales en la primera década del siglo XXI, cuando muchas empresas similares no habían sobrevivido. Acepté gustosamente participar en ese conversatorio donde cientos de profesionales me harían las preguntas que ellos creyeran pertinentes. Al llegar al lugar y durante el almuerzo previo a la conferencia, se me informa que habían titulado la conferencia "Como sobrevivir en momentos de crisis". Recuerdo perfectamente esa primera pregunta de una participante: "Sr. Clavell, mi pregunta es precisamente el tema de la actividad: ¿Cómo usted y su empresa han sobrevivido en estos momentos de crisis?". Inmediatamente procedí a contestarle con cariño y respeto: "Su pregunta está mal planteada joven. Usted utiliza como base un grave error de definición personal. Mi intención no es, ni nunca ha sido, sobrevivir". Inmediatamente pregunté al grupo presente: "¿Cuántos de ustedes desean sobrevivir?" Obviamente, no se levantó ninguna mano. Continué diciendo: "Si no deseamos sobrevivir, ¿por qué hacemos la pregunta de cómo hacerlo? ¿Qué tal cambiar el tema de la conferencia de "¿Cómo sobrevivir en momentos de crisis?" a "¿Cómo sobresalir en momentos de cambios?". Amigo fabricante, ni deseamos sobrevivir, ni estamos en momentos de crisis. Realmente estamos ante un momento de cambios constantes y rápidos los cuales abren nuevas oportunidades.

En la historia anterior se puede ver cómo las palabras y nuestra forma de hablar y comunicarnos con la sociedad y con nosotros mismos, tiene un impacto directo y anímico en nuestro proceder, desempeño y resultados.

Recientemente tuve la oportunidad de visitar la entidad bancaria en la cual laboré casi dos décadas. Como es mi costumbre, saludé a todo el equipo. Es muy reconfortante poder hablar con antiguos compañeros de trabajo y saber que aún después de varios años de haberme retirado, mantenemos una amistad y una relación respetuosa.

Saludé con una sonrisa a la primera persona que vi y le pregunté: "¿Cómo está todo?" La respuesta inmediata fue "Pues ahí... sobreviviendo". Después saludé a unas diez personas y, para mi sorpresa, recibí la misma respuesta de nueve de ellas. Parecía que todas se habían puesto de acuerdo para contestar al unísono: "Sobreviviendo". Ese día salí de mi antigua oficina con dolor en el corazón. Pero la verdad es que esta actitud y este modo de vivir atraviesan culturas, países, lenguajes y niveles sociales.

Una tarde en Madrid, durante un viaje a España, decidí visitar el Museo Nacional del Prado, para admirar su colección de arte que es una de las más bellas del mundo. Ya lo había visitado unos días antes, pero sólo por cuatro horas, y todavía faltaba apreciar una gran parte de las obras. Ese día acababa de llegar de Granada, donde se pueden apreciar los Jardines de la Alhambra y El Generalife y al regresar, contaba con unas cuantas horas para tratar de completar el enorme y magnífico recorrido que ofrece este Museo. El Museo Nacional del Prado exhibe cerca de ocho mil obras de arte que incluyen pinturas españolas, flamencas, alemanas e italianas, entre otras, que van del siglo XIV hasta el siglo XIX. ¡Cuánta cultura y cuánta belleza se pueden apreciar en tan renombrado lugar!

Al llegar la hora de salir del Museo, estaba totalmente agradecido y maravillado por los momentos que Dios me había permitido vivir esa tarde y durante el viaje en general. España es un lugar de innumerables monumentos, monasterios, museos y catedrales. En fin, estaba en un país lleno de historia y aprendizaje. Al tomar un taxi para llegar al hotel, le pregunté al conductor: "¿Cómo está todo?" Y bueno, ya se puede imaginar usted la respuesta: "Sobreviviendo". Nos rodeaba el arte, la cultura, toda una ciudad llena de posibilidades, y en la mente de este hombre sólo había una opción: sobrevivir.

¿Cómo es posible pasarse la vida entera sobreviviendo? Se trata de una manera muy común de expresarle al mundo que simplemente pasamos día tras día viviendo una rutina. Pero lo peor no es el mensaje que le damos al mundo "exterior". Lo que es realmente perjudicial es el resultado que esa afirmación tiene en nuestro mundo "interior" y en nuestra mente, y las consecuencias devastadoras que esto tiene para nuestra vida.

La mente es el recurso más valioso con que cuenta el fabricante; es su principal máquina de fabricación. Por ello, es vital conocer cómo funciona y, sobre todo, saber cómo mantenerla limpia, lubricada y lista. Puesto que el cerebro, la mente y los pensamientos son sus herramientas más poderosas, el verdadero fabricante invierte un tiempo importante en su estudio y comprensión. Se han escrito muchos libros sobre la mentalidad de los ricos y famosos. Muchos de ellos son personas que han logrado no sólo su propio éxito, sino el de su equipo. De hecho, muchos son verdaderos fabricantes. La pregunta clave es entonces: ¿Cómo funciona la mente de un fabricante? Antes de contestar, veamos cómo funciona el cerebro en general.

El cerebro pesa menos de tres libras y en él se albergan cerca de cien billones de neuronas. Las neuronas son un conjunto de células programables que guardan estímulos los cuales se traducen en programas de información. Su función principal es hacer asociaciones entre sí; asociaciones que, eventualmente, controlan nuestras acciones. Puede parecer complejo, pero en realidad se trata de un proceso muy sencillo.

El cerebro humano es un órgano muy poderoso y, a la vez, muy vulnerable. Desde que nacemos y durante toda la vida, nuestro cerebro hace neuroconexiones o neuroasociaciones a través de las cuales diseña programas, patrones, paradigmas y comportamientos. Cada estímulo, sea nuevo o reforzado, da lugar a nuevas conexiones entre las neuronas y esto implica la posibilidad de aumentar el poder mental para aprender, archivar, recordar y actuar. Un cerebro adulto estimulado realiza más de quinientos trillones de conexiones neurológicas que rigen el comportamiento, las actitudes, los hábitos y los estímulos en el diario vivir. Algunas de estas conexiones crean patrones y programas positivos y otras, lamentablemente, no. ¿De qué depende esto?

Todos hemos visto tiras cómicas en las que representan las conversaciones entre un angelito y un diablito, cada uno a un lado de la cabeza del personaje.

En realidad, esta es una manera muy sencilla de representar cómo se comunica la mente consciente y el subconsciente de las personas, y cómo éstos nos envían información en el momento de tomar decisiones. Nuestras neuronas nunca paran de hablarnos. Ahora bien, lo más importante es estar consciente de que lo hacen dependiendo de cómo las hayamos programado anteriormente.

Para visualizar el concepto de programación mental, en mis cursos llamo "enanos" al conjunto de neuronas (recordemos que hay más de un billón en 3 pulgadas). Todos tenemos un ejército de "enanos" al que consultamos constantemente para tomar decisiones y actuar. Algunos de estos "enanos" son positivos y otros son negativos, algunos son peleones y otros son precavidos. En fin, se trata de un ejército variado, pero latente en su mente ahora mismo, que controla sus acciones y su futuro. Por lo tanto, como fabricante, usted tiene que reconocer que constantemente está **"reprogramando los enanos"**.

Podríamos decir que el ejército de "enanos" es el más obediente de todos los ejércitos, ya que simplemente se limita a responder de acuerdo con la programación preestablecida. Ellos no juzgan, no preguntan; lo aceptan todo como real. De hecho, los resultados que obtenemos en la vida son consecuencia directa de nuestros pensamientos, nuestros hábitos y nuestras acciones. ¿Y quién controla esos resultados? ¡Nosotros!

Al pensar en la programación mental, con frecuencia la asociamos con los computadores y sus programas. Esto tiene mucho sentido porque los computadores y la mente guardan similitudes en su comportamiento y su funcionamiento: ambos son programables y responden a una información previamente guardada en su memoria.

Uno de los principios básicos en el estudio de los computadores y su programación es el GIGO (por sus siglas en inglés), que significa "Garbage In - Garbage Out" (Si entra basura - sale basura). De manera análoga, si lo que entra en el computador central de nuestro cuerpo, el cerebro, es basura, este producirá basura.

El comelón de queso se alimenta constantemente a partir de este principio. Pero el fabricante, por el contrario, aplica a su programación mental el principio básico PIPO, que significa "Power In - Power Out" (Si entra poder - sale poder). Si lo que entra en el cerebro es poderoso, producirá resultados poderosos.

Muchas personas se pasan la vida alimentando a sus "enanos" a partir del principio de GIGO, es decir, con información negativa, mediocre e incluso neutral. Esto, en parte, es heredado, pues durante la niñez y la juventud, e incluso en la edad adulta, el ser humano es muy susceptible a las recomendaciones de sus seres queridos. La opinión de los padres y de ciertos amigos establece afirmaciones en su mente, y los "enanos" las adoptan como reales y ciertas. Las personas que reciben constantemente afirmaciones limitantes por parte de sus seres queridos heredan una mentalidad de pobreza, límite y fracaso.

Otras personas llegan por sí mismas, deliberadamente, a este tipo de afirmaciones o autoprogramaciones. Por ejemplo, al leer revistas que debilitan la mente y destruyen la creatividad, reafirman en sus "enanos" pensamientos de pobreza material, espiritual, emocional y física. Al ver programas de televisión que nada aportan a su intelecto y que, por el contrario, limitan la creatividad y la acción, o al consumir alcohol, drogas y otras sustancias, sólo logran programar negativamente a sus "enanos" y disminuyen cada día su capacidad de producir y crear.

Pero lo más complejo de todo esto es que algunas de las programaciones que debilitan a los "enanos" actúan inicialmente de manera imperceptible, por ejemplo, a través de los anuncios publicitarios. El mundo que nos rodea nos inunda con anuncios con todo tipo de mensajes que entran en nuestra mente y programan nuestro ejército de "enanos", querámoslo o no, y lo triste es que hay personas que no se dan cuenta de esto. Nuestros "enanos" se están programando constantemente, y éste es un hecho que no podemos cambiar.

El fabricante también está sujeto a la programación casual, automática y por herencia. Pero la gran diferencia estriba en que éste trabaja deliberadamente y a diario, en la programación mental de sus "enanos" hacia el éxito, las oportunidades y la realización de sus metas y sus sueños.

Programación Mental del COMELÓN

Referente al Trabajo
1. El trabajo es un castigo de Dios.
2. Mientras menos trabajo, más feliz soy.
3. Qué bueno que hoy no tengo que trabajar.
4. Deseo matar al que inventó el trabajo.
5. Qué malo que mañana tengo que trabajar.

Referente al Dinero
1. El dinero es el principio de todos los males.
2. ¡Muchacho! ¿Crees que el dinero crece en los árboles?
3. Yo no merezco tener dinero.

4. Si tengo dinero me corrompo.
5. Pobre, pero feliz.
6. Pobre, pero honrado.
7. Soy pobre, por lo tanto soy humilde.
8. Es que Dios quiere que yo sea pobre.
9. Alguien tiene que ser pobre, me tocó a mí.

Referente a la Vida

1. La vida es difícil.
2. Hay que sufrir en la vida.
3. ¡Qué dura está la calle!
4. Gozo de lo inmediato, pues no sé que me deparará el mañana.
5. Es que yo vivo con los pies en la tierra.
6. No sueño con pajaritos volando.

Referente a Sí Mismo

1. ¡Qué bruto soy!
2. ¡Qué torpe soy!
3. ¡Yo no puedo!
4. Es que yo soy así...
5. ¡No entiendo!
6. Siempre seré pobre.

Programación Mental del FABRICANTE

Referente al Trabajo

1. El trabajo es un regalo de Dios para crear bienestar y progreso.
2. Mientras más fabrico, más placer obtengo.
3. Estoy listo diariamente para la fabricación.
4. Gracias Dios por las herramientas de fabricación que me das.
5. No puedo esperar para comenzar a producir para mí, mi familia y la sociedad.

Referente al dinero

1. El dinero es el principio de muchas bendiciones.
2. El dinero es energía que está disponible para todos, y cada día hay más.

3. Mi familia y yo merecemos tener más dinero.
4. Si tengo dinero, soy bendecido y bendeciré a otros.
5. Rico y feliz.
6. La riqueza es producto de mi honradez.
7. Dios me mantiene humilde en mi riqueza.
8. Dios desea prosperidad íntegra para mí y para mi familia.
9. Decidí ser rico y enriquecer a otros.

Referente a la Vida

1. La vida es una aventura de logros.
2. Disfruto vivir y fabricar.
3. ¡Cuántas oportunidades hay!
4. Disfruto el presente, y visualizo y planifico el futuro aún mejor.
5. No limito mis sueños, pienso en grande.
6. "El cielo es el límite" para la imaginación.

Referente a Sí Mismo

1. ¡Que inteligente soy!
2. Tengo muchas habilidades.
3. ¡Yo creo y puedo!
4. Dios me hizo único, puedo maximizar mi ser.
5. Tengo gran capacidad para fabricar.
6. Cada día soy más rico y fabrico más.

**Los comelones alimentan a sus "enanos"
a partir del principio de GIGO.**

**Los fabricantes, en cambio, alimentan a sus "enanos"
de manera constante a partir del principio básico PIPO.**

En este momento, usted se estará preguntando si realmente es posible escapar de los pensamientos negativos y limitantes, y si realmente es posible reprogramar la mente hacia el éxito. ¿Cómo lograrlo? Es muy sencillo: todo comienza con un acto de conciencia y con la aplicación de dos conceptos básicos que impulsarán el cambio anhelado. Estos son:

- Identificar los pensamientos, las creencias y las acciones que lo han llevado a donde está ahora, y
- cambiarlos por nuevos pensamientos, creencias y acciones, es

decir, remover aquello que lo está limitando y reprogramar su subconsciente con información que le ayude a alcanzar el máximo potencial como fabricante.

Como señalé anteriormente, el fabricante está consciente de que su mente es la herramienta más poderosa para la fabricación. Por eso cuida celosamente su proceso de autoprogramación. Pero, ¿cómo se programan realmente los "enanos"? Por medio de los sentidos: la vista, el tacto, el gusto, el olfato, el oído y, el más poderoso, el pensamiento. Y como es consciente de esto, el fabricante cuida deliberadamente de todo lo que entra y todo lo que sale de cada uno de esos sentidos.

El fabricante conoce la importancia de la programación mental.

Hace unos años tomé la decisión de no tener televisión en nuestro hogar. Esta decisión podría parecer muy extraña. Por más de cinco años no hubo televisión ni en la habitación, ni en la sala, ni en el lugar de entretenimiento. Simplemente no había televisión en nuestra casa. Esto propició una serie de eventos muy positivos para toda la familia: todas las noches nos sentábamos, a la hora de la comida, a dialogar y a hablar sobre lo ocurrido durante el día. De esta manera, logramos eliminar mucha información negativa que entraba a nuestro hogar. Veíamos claramente cómo en otras familias las personas se separaban a diario en habitaciones diferentes, y ni siquiera se hablaban en toda la noche debido a la atracción que ejercía en ellos la televisión.

Hoy en día, nuestros hijos son jóvenes adultos y profesionales que toman sus propias decisiones y saben que éstas los llevarán a asumir modos de actuar que, a su vez, traerán determinados resultados. Por ello, nos hemos permitido tener un solo televisor en el hogar que utilizamos a manera de teatro para compartir películas y como un elemento unificador de la familia. Así, escogemos las películas que entran en el hogar y nos aseguramos que éstas nutran nuestro espíritu y nuestra mente. Todas las noches nos sentamos a la mesa como una familia unida y compartimos los alimentos mientras hablamos de temas edificantes. Muchas veces, después de la cena, nos quedamos conversando por horas y disfrutando mutuamente de nuestra compañía. Y tenemos un televisor que pasa horas y hasta días apagado. Éste es el resultado directo de haber cuidado de lo que entraba en nuestro hogar en esos primeros años de crecimiento familiar. Vigile usted también, conscientemente, lo que entra en su mente y, sobre todo, lo que programa la mente de su familia.

> **El fabricante se cuida de lo que ve, de lo que oye,
> de lo que prueba, de lo que huele, de lo que siente y,
> sobre todo, de lo que piensa.**

Así mismo, para que la reprogramación mental de sus "enanos" ocurra de manera efectiva, debe conocer dos principios claves: para sus "enanos" existe una sola persona, usted: y los "enanos" sólo manejan imágenes.

Para sus "enanos" existe una sola persona: usted

Como recordará, comencé este capítulo hablando de las personas que constantemente dicen pasar su vida sobreviviendo. Esta expresión entra en su cerebro y programa a sus "enanos", de manera que la única opción que éstos reconocen y aceptan es sobrevivir. ¡Cuántas palabras, frases y afirmaciones como esa hacemos diariamente! Y, ¿qué poder tienen las palabras y las afirmaciones en nuestra mente?

La mente es programada y estimulada a través de lo que se conoce como "frecuencia vibracional resonante". Cada uno de nosotros tiene una frecuencia de voz única, que es la que impacta y programa positiva o negativamente a los "enanos". Como éstos funcionan a partir de mandatos y lo aceptan todo como real, lo que decimos y pensamos es aceptado por ellos como realidad, ley y mandato.

Para sus "enanos" existe una sola persona: usted. Existe un solo día: hoy, y existe un solo tiempo: ahora. Por tanto, debe plantearse sus afirmaciones en primera persona del singular, pues es la única manera de que sus "enanos" las entiendan. Veamos un ejemplo para entender cómo funciona este proceso.

Cuando una persona le dice a usted: "¡Qué bruto eres!", esa afirmación proviene de alguien exterior y, por lo tanto, proviene de una "frecuencia vibracional resonante" diferente de la suya, que es la única que sus "enanos" reconocen. Puesto que ellos tienen la capacidad de bloquear la información ajena, usted puede decir: "Esta persona me dijo bruto, no volveré a hablar con ella", y simplemente alejarse, bloqueando el efecto que estas palabras puedan tener en usted.

Por el contrario, si realiza una labor, pero el resultado no es el esperado y usted se dice a sí mismo: "¡Qué bruto soy!", esa afirmación llega a su subconsciente en una "frecuencia vibracional resonante" que sus "enanos" conocen y que los programa directamente... ¡la suya! De inmediato, los "enanos" comienzan a convencerse unos a otros de que son brutos y, rápidamente, tendrá una unión de "enanos" convencidos de que no entienden y no tienen la capacidad de hacerlo. Mientras usted duerme, estos "enanos sindicalizados" trabajan en ello, y cuando usted se proponga realizar una tarea o entender algún concepto nuevo lo convencerán de que no puede hacerlo. Todo este proceso de convencimiento y de asociaciones comenzó con una afirmación suya dirigida a sus "enanos".

Por lo tanto, cuando desee hacer algo, es vital que lo plantee así: "Yo he decidido...", "Yo tengo las herramientas para..." o "Yo voy a hacer..." Es increíble el poder que estas afirmaciones tienen en nosotros, nuestra mente, nuestros "enanos", nuestro comportamiento y, sobre todo, nuestros resultados.

El fabricante maximiza el poder de la afirmación.

Los "enanos" sólo manejan imágenes

Si digo "casa", ¿qué le viene a la mente? El proceso que ocurre en su mente es el siguiente: los "enanos" van a sus archivos para buscar datos sobre ese concepto. Muy probablemente usted pensó en su casa actual, en la que desea, en la que está construyendo o en la casa de sus sueños. Pero con seguridad lo que le vino a su mente fue una imagen y no las letras C A S A. La búsqueda de sus "enanos" dio como resultado una clara imagen en su mente.

Los "enanos" no funcionan con palabras ni conceptos abstractos; ellos simplemente crean imágenes. Según el estímulo recibido, buscan la información que tienen disponible y traen una imagen. Si digo "auto", ocurrirá lo mismo: sus "enanos" traerán la imagen de un automóvil. Estoy seguro de que la imagen que llega a cada lector es diferente y única, debido a que la programación mental de cada uno ha sido diferente.

Ahora, si digo "éxito", ¿qué le viene a la mente? ¿Qué imagen traen sus "enanos"? Si se ha tomado tiempo para definir clara y deliberadamente esta palabra, sus "enanos" contestarán con una visión clara y precisa de lo que el éxito es para usted. Pero si, por el contrario, no se ha puesto a pensar en ello y no ha definido su verdadero significado o qué representa, sus "enanos" no traerán ninguna imagen específica, sino imágenes muy borrosas.

Esto significa que, como fabricante, es importante que comience a visualizar sus éxitos. Todo comienza con un proceso de visualización y de imaginación o nacimiento de imágenes. Los fabricantes en grande comienzan su éxito con una imagen de lo que van a hacer. Albert Einstein, Michael Dell, Henry Ford, Steve Jobs y Walt Disney son grandes fabricantes que visualizaron inventos, computadores, automóviles, soluciones electrónicas y parques temáticos. Ellos lo vieron en su mente mucho antes de hacerlo realidad.

El fabricante maximiza el poder de la visualización.

Yo soy un lector voraz y constante, y me gusta incursionar en diversas áreas del desarrollo. Por ejemplo, me encanta leer las biografías y las historias de éxito de otros fabricantes, y una de mis favoritas es la de Walt Disney, uno de los visionarios creativos más grandes que el mundo ha conocido. Walt empezó a crear éxitos mucho antes de que los demás pensaran siquiera que éste existía. Siempre estaba adelantado en pensamiento y creatividad.

Una de las historias de Walt Disney que más me atrae se remonta a pocos días antes de su muerte. Cuando su enfermedad estaba muy avanzada, una persona se le acercó y le habló del inconveniente de no ver realizado su sueño y creación: Epcot Center. Walt, como todo fabricante, muy claramente respondió: "¿Estás bromeando? Si yo no hubiese visto claramente a Epcot Center en mi mente, tú nunca lo verías en la realidad."

Hace unos años, estaba ojeando una revista de casas y mansiones mientras almorzaba tranquilamente. De repente, vi una casa con una hermosa piscina y una acogedora terraza; el mobiliario, los árboles, el verdor de la naturaleza y una cascada la hacían muy especial y llamativa. En ese momento, un amigo se acercó a la mesa y al verme absorto contemplando la revista me dijo: "Sammy, deje de soñar con cosas imposibles. Esa casa es para los ricos, tú nunca la tendrás".

Es increíble que haya personas que, aunque con buenas

intenciones, deseen programar a los "enanos" de otras personas hacia las limitaciones y las imposibilidades. Afortunadamente, yo había comenzado ya mi aventura en la fabricación. Y gracias a muchos seminarios, libros y audiolibros, así como a la asociación correcta con otros fabricantes, mis "enanos" estaban programados y listos para bloquear dicha objeción. Me levanté de la mesa y muy tranquilamente le respondí: "Amigo mío, si estoy seguro de algo es de que tú nunca tendrás esta casa, porque lo que no puede pasar por tu mente nunca pasará por tu vida". En los "enanos" de mi amigo había una imposibilidad a aspirar a ese tipo de hogar, pero mis "enanos" estaban programando la imagen de lo que un día sería realidad: la piscina, la terraza, los árboles, la cascada y el verdor de la naturaleza que hoy tenemos. Pero lo más importante es que tenemos un ejército de "enanos" programado y listo para soñar y visualizar en grande.

En Hebreos 11:1 la Biblia define claramente la 'fe' al acompañarla de dos palabras claves: certeza y convicción. Cuando usted cree, ve con *certeza* lo está esperando que ocurra, y tiene la *convicción* de que ocurrirá lo que hoy no se ve. Ésa es la clave de la creatividad del fabricante.

**Amigo fabricante, crea en usted: visualice, tenga fe, certeza
y convicción de que puede... y podrá.**

Los siguientes cinco pasos le ayudarán a utilizar el poder de sus "enanos" durante el proceso de fabricación en grande:

1. **Visualice claramente lo que desea.**
   Hace un tiempo entrevisté a una joven que aspiraba a ser parte de nuestro equipo de trabajo en SC Enterprises. Cuando le pregunté cómo se preparaba cada día para enfrentar su labor, sorpresivamente me explicó que su proceso de preparación era doble. Primero, invertía muchas horas en leer y estudiar, y segundo, comenzaba cada día con un papel en blanco. Ésta era su manera de explicar su disposición de aprender diariamente de la vida y lograr lo mejor de sí comenzando de cero.

   Hay un dicho que se repite con frecuencia: "Hoy es el primer día del resto de su vida". Parece un dicho gastado, una frase de mera motivación, pero pensemos detenidamente en lo que significa. ¿Cuándo comienza su vida? Hoy. ¿Puede comenzar su vida ayer? ¿Puede comenzar el resto de su vida mañana? No. Sólo puede comenzar hoy, en este momento. Así que no es meramente un dicho, es una realidad contundente: "Hoy es el primer día del resto de su vida". Con esto en mente, decídase a comenzar su vida como mi compañera de trabajo comentó en la entrevista inicial: con una página en blanco.

Ahora pregúntese: Si pudiera comenzar la vida hoy, con una página en blanco, ¿cómo comenzaría? Si pudiera diseñar mi vida de aquí en adelante, ¿qué diseñaría? Recuerde que los "enanos" sólo manejan imágenes. Por lo tanto, visualice claramente lo que desea. Pregúntese: ¿Cómo será mi vida cuando obtenga ese aumento? ¿Qué ocurrirá cuando termine este proyecto? ¿Cómo será cuando tenga ese negocio que llevo pensando comenzar durante tanto tiempo? ¿Cómo sería si mis hijos estudiaran en el lugar donde sus capacidades puedan desarrollarse al máximo sin límites de recursos?

2. **Anótelo, plantéelo específicamente y estimule sus sentidos.** Existe un poder incalculable en anotar las metas y los sueños. Como ya sabe, los "enanos" se alimentan y se programan a través de los sentidos. Así que cuando usted piensa algo, sólo está activando el pensamiento, pero cuando lo escribe, está activando además la vista y el sistema motor. Eso hace que sus "enanos" interioricen más profundamente su meta o su sueño y, por lo tanto, se comprometan más en su realización.

Pero no basta con querer algo y anotarlo. Hay que plantearlo específicamente, verlo, tocarlo y vivirlo para que todos los sentidos se involucren en el proceso creativo. Este principio lo descubrí hace varios años cuando comenzaba el proceso de aprender a soñar y a visualizar, y hace poco, después de asistir a varias obras de teatro en Broadway, lo pude afirmar. Cuando intenté contarle a mi entrenador personal en el gimnasio lo buenas que eran estas obras, sus escenografías, sus canciones y su orquestación, me percaté de que por más que me esforzaba no lograba que él viera la grandeza de lo que yo había vivido.

Durante varios años, cuando regresaba en la noche al hogar luego de largas horas de producción, soñaba con ir a ver la obra

"El Rey León" en Broadway. Era un sueño que estaba muy claro en mi mente, pero lo que lo mantuvo vivo fue el hecho de haber comprado la música de la obra y haberla escuchado en el hogar y en el automóvil durante años. De esta manera, seguí el proceso de llevar el sueño de la mente a la emoción y del intelecto al corazón.

Recuerde que para sus "enanos" existe una sola persona: usted, y que ellos sólo manejan imágenes. Por lo tanto, mientras más clara sea la imagen que usted les brinde, más se comprometerán a buscar asociaciones, aliados y soluciones para lograr su meta. No basta con decir: "¡Deseo tener un negocio!" Tiene que ser específico. Pregúntese: ¿Qué tipo de negocio quiero? ¿Para cuándo lo deseo? ¿En qué rama o industria? ¿Qué necesito para comenzar? ¿Cuáles son mis competidores? ¿Qué capital necesito? ¿Cuál es mi equipo de desarrollo?

No basta con decir y anotar "Seré mejor en mi trabajo". Tiene que ser específico y pregúntese: ¿Qué compromiso requiero para ser mejor? ¿Cuál es mi definición de 'ser mejor en el trabajo'? ¿Cómo definiría esto mismo mi supervisor? ¿Cómo lo definiría yo pensando en la empresa? ¿Qué pasos daré hoy mismo para mejorar los resultados obtenidos y traer más resultados a mi compañía? ¿Qué plan de desarrollo continuo llevo a cabo con el fin de mejorar cada día más?

3. **Concentre su poder mental en establecer un plan de acción y una fecha.**

Hace algunos años, uno de mis mentores personales me entregó una pequeña placa que decía: "En la vida obtendrás solamente aquello en lo cual te has enfocado". Como vimos anteriormente, el enfoque es vital para alcanzar nuestras metas y, como fabricante, usted tendrá que enfocar y concentrar todo su poder mental en ese sueño obsesivo y en esa meta deseada.

Todos conocemos personas con planes que nunca comienzan. ¿Quién no conoce personas que se pasan toda la vida planificando? Pero si tienen todas las intenciones de hacerlo, ¿por qué ocurre esto? Porque tener la intención no es suficiente. Incluso, tener un plan no es suficiente. Es necesario tener un plan de acción, pues la acción hace toda la diferencia en los resultados. Los planificadores eternos los son porque nunca han emprendido la acción necesaria para lograr el resultado deseado.

Igualmente, es indispensable asegurarse que sea algo que usted puede controlar. Una de las labores que más disfruto es la de brindar asesorías de carácter personal. Durante los últimos 17 años he tenido la dicha de ser mentor de miles de personas en su camino hacia el éxito. A algunas de ellas las he "tocado" por medio de seminarios y talleres, y con otras, he tenido la oportunidad de establecer una relación de asesoría o "coaching" personalizado. En todos estos años he visto personas frustradas porque no logran lo que se proponen y, al analizar profundamente estos casos, me doy cuenta de que estas personas tienen metas y objetivos en áreas que simplemente están fuera de su control. Así que no pierda el tiempo en cosas que no puede controlar, enfóquese solamente en lo que sí puede controlar.

Una vez haya enfocado un plan de acción que pueda controlar, fije un plazo para lograrlo. Nada ocurre si no hay una fecha establecida. Poner fechas es la primera acción indispensable en el proceso de fabricación, pues desata toda una cadena de eventos destinados a que el plan se cumpla.

4. **Crea en su proyecto y mantenga una expectativa positiva.**
Una de las películas que más he disfrutado y la que más veces he visto es "Jamaica bajo cero" (Cool Runnings). Se basa en una historia de la vida real, de un grupo de cuatro atletas que llegan a participar en las Olimpiadas de invierno para representar a Jamaica, su país natal. Lo más interesante es que estos atletas no tenían las herramientas adecuadas para practicar ese deporte y nunca habían visto la nieve.

Un momento crucial en la película es cuando se encuentran por primera vez con lo que será su vehículo de competencia: un trineo. Debido a la limitación de su presupuesto, ellos compran su primer trineo durante la competencia eliminatoria: un trineo oxidado, viejo y con piezas desprendidas. Como se imaginará, la cara, la actitud y el ánimo del equipo de Jamaica al ver este trineo es de total decepción y escepticismo, excepto para Derice Bannock, el capitán. Para él, ése sería el vehículo que los llevaría a las Olimpiadas. Así que, mientras todos veían el futuro con pesimismo a causa del desvencijado trineo, Derice simplemente pidió silencio y expresó: "¡Es hermoso!"

Cualquiera que sea su meta o su objetivo, debe ser algo que lo mueva desde adentro, algo que sienta y que lo apasione. Es triste ver personas que se levantan cada día a trabajar en un área que no les emociona para nada, por lo cual su labor es meramente mecánica. En el libro *Cómo ganar amigos e influir en las personas*, Dale Carnegie establece una verdad incuestionable: somos seres emocionales. Esto significa que siempre nos moverá más la emoción que la lógica.

Sin importar qué dificultades se le presenten durante el proceso de realización y conquista de su meta, como fabricante, usted debe ser siempre la persona más comprometida con ella. Apasiónese, crea y...

5. **Emprenda la acción inmediatamente.**
De los cinco pasos para utilizar el poder de sus neuronas en la creación de queso, el más importante es el último: emprender la acción. Cuántos proyectos, planes y negocios no se logran porque falta dar el paso crucial para el éxito: ¡emprender la acción!

Por lo tanto, una vez usted haya visualizado su meta, haya definido un plan de acción con una fecha establecida y esté totalmente comprometido con los resultados que espera alcanzar, simplemente emprenda la acción. Eso hará toda la diferencia.

Al evaluar la efectividad de cualquier ejército hay que considerar dos factores: la preparación y el conocimiento de los procedimientos de ataque. Por tanto, es importante que usted se prepare correctamente para maximizar su efectividad siguiendo los cinco pasos anteriormente explicados. Por otra parte, es esencial que conozca el proceso sistemático para lograr que su ejército de "enanos" funcione al máximo.

¿Alguna vez le ha ocurrido que ante un problema que debe resolver, o ante una información que no recuerda, la respuesta llega a su mente mientras duerme? ¿Cuántos de nosotros tenemos pensamientos brillantes, ideas para los negocios o posibles soluciones que llegan de manera inesperada, por ejemplo, al momento de ducharnos y que olvidamos inmediatamente después? Los siguientes pasos le ayudarán a establecer un proceso sistemático para resolver problemas y, en general, tener acceso a esa información que quizá no recuerda, pero sabe que está disponible en su mente.

1. **Convierta el problema o la situación en una pregunta positiva.**

En una ocasión escuché al doctor y conferencista internacional Camilo Cruz, decir lo siguiente: "Todo lo que necesita saber para triunfar está dentro de usted. Sólo tiene que preguntar, escuchar y confiar". Desde que nacemos, y durante el transcurso de toda nuestra vida, la mente realiza neuroasociaciones y guarda información. ¿Y cuántas veces nos pasa que, aunque sabemos que contamos con la información, carecemos de un proceso para acceder a ella? Lo primero es entender que los "enanos" se activan por medio de preguntas. Como en cualquier computadora, la información archivada en la mente siempre está disponible, pero para ello hay que tocar las teclas correctas. Se trata simplemente de conocer el proceso y éste comienza por hacer preguntas de manera positiva. Así que, cuando en su mente surja una situación, un problema o una inquietud, la clave es que los convierta en una pregunta positiva.

Si está buscando, por ejemplo, cómo aumentar sus ingresos y saldar deudas pendientes, el proceso de preguntar e indagar en la mente debe comenzar así: ¿Cómo puedo diversificar mis actividades para aumentar mis ingresos? ¿Qué nuevas oportunidades están surgiendo en mi industria o área de interés? ¿Cómo puedo reajustar mis gastos para aumentar mi ingreso disponible y contar con la tranquilidad de no tener deudas?

Al plantear las preguntas de esta manera, las expresiones "aumentar mis ingresos", "nuevas oportunidades" y "tranquilidad" son recibidas con energía, entusiasmo y optimismo por parte de los "enanos", con lo que se genera un ambiente interno de creatividad, paz interior, enfoque y acción para encaminarse a encontrar una solución.

Si, por el contrario, ante la misma situación, la pregunta es: "¿Cómo llegaré al final del mes con el poco dinero que me queda en la cartera?", lo que se demuestra es una actitud pesimista.

Las palabras negativas como "problema", "esconderme", "cobradores" y "poco dinero" serán recibidas con temor, duda y desmotivación por parte de los "enanos" y, por lo tanto, crearán un ambiente poco creativo y muy estresante. Comience su proceso de solución planteando preguntas positivas.

2. **Controle su mente consciente y deje que su subcons-ciente trabaje en la solución.**

   Al aplicar este procedimiento, usted va a notar que la mente consciente tratará de controlar al subconsciente y enviará más información a los "enanos" durante el día y la noche. Pero usted tiene que controlar su mente consciente para que no interrumpa el proceso de indagación en el subconsciente.

   Una vez haya formulado la pregunta correcta, de la manera correcta, tiene que darle tiempo a los "enanos" para que busquen una respuesta dentro de sus asociaciones y archivos de información. Éste es el momento en que se recomienda confiar. De nada sirve que le pregunte a su mente para buscar la respuesta dentro de sí, si luego le envía una información que cuestiona las respuestas que ésta le da. Tenga fe y deje que sus "enanos" produzcan sus respuestas.

   Como he señalado, la mente establece millones de neuroasociaciones durante la vida. Usted tiene, literalmente, billones de datos en su mente, y le aseguro que, entre todos los datos que ha archivado durante todos estos años, tiene la solución para situaciones y problemas del momento. Pero los "enanos" necesitan tiempo para encontrar estas soluciones.

   Durante el sueño, la mente consciente tratará de pensar en ese problema o esa situación que está intentando solucionar. Si ya comenzó el proceso de indagación siguiendo el primer paso, controle ahora su mente consciente y deje que su subconsciente trabaje en la solución.

   Si nota que su mente consciente comienza a pensar en aquello que ya envió a su subconsciente, abra los ojos inmediatamente y dele un mandato seco, directo y firme a su mente consciente, que le impida a ésta dormir y la obligue a no pensar en esa situación. Luego, cierre los ojos y comience a conciliar el sueño de nuevo, pero en esta ocasión controle la mente consciente para que ésta se ponga a pensar en otro asunto. Piense en algo placentero o en alguna de sus bendiciones diarias.

La clave de este paso es poner a la mente consciente a pensar en algo que le permita descansar, mientras que el subconsciente busca la solución dentro de sí. Una vez domine esta técnica podrá controlar los malos sueños y las pesadillas, y estará listo para recibir la valiosa información que su ejército de "enanos" le brindará al despertarse.

3. **Tenga siempre lápiz y papel a la mano para escribir las respuestas del subconsciente de inmediato y según se le ocurran.**
    Los "enanos" no distinguen entre el día y la noche, pues trabajan 24 horas sin descanso. Por lo tanto, cuando encuentran la información y la solución las lanzan a la mente consciente sin importar la hora, el lugar o el momento.

    Hace un tiempo aprendí de una gran amiga una frase que siempre me acompaña: "Más vale la más pálida tinta que la más brillante memoria". ¡Qué gran verdad encierran estas palabras! Es muy sencillo: lo escrito queda para siempre. Por lo tanto, usted tiene que estar listo para escribir de inmediato lo encontrado. Escriba las respuestas del subconsciente apenas lleguen y según se le ocurran. Este paso es vital para obtener el máximo del subconsciente.

    Personalmente, en todo momento, no importa adonde vaya, siempre me aseguro de llevar un bolígrafo y una pequeña libreta. De este modo estoy listo para plasmar por escrito la información que ese ejército incansable de "enanos" encuentra para mí.

    Un día, por ejemplo, necesitaba acordarme del nombre de un ex compañero de trabajo para llamarlo y hacer una cita de negocios. Esa noche me acosté con la imagen de mi amigo claramente definida en mi mente, pero el nombre no llegaba a mi consiente por más que trataba de acordarme. Recordaba también la cara de su esposa y su nombre, dónde quedaba su oficina, todo, menos el nombre de mi amigo. Esa noche apliqué el proceso de indagación y lancé la pregunta a mis "enanos". Luego me fui a dormir placenteramente, pensando en otra cosa.

En la mañana, al despertar, aún no podía recordar el nombre, pero sabía que mis "enanos" estaban indagando en todos los archivos, así que les permití trabajar tranquilamente. A las diez de la mañana, mientras dictaba una conferencia, el nombre apareció de repente en mi mente: Héctor. Fue como si me lo gritaran. ¡Ése era el nombre que estaba buscando! No tenía nada que ver con la actividad que estaba realizando conscientemente en ese momento, pero en mi subconsciente los "enanos" lo siguieron buscando hasta encontrarlo. Cuando lo lograron, simplemente lanzaron el dato a la mente consciente, sin importar lo que interrumpieran y sus consecuencias.

Con seguridad usted habrá tenido la experiencia de irse a la cama con un determinado problema o en una situación determinada y, de repente, despertarse a media noche no sólo con la solución, sino con múltiples opciones. Esto se debe a que desde el momento en que usted plantea una pregunta a los "enanos", ellos trabajan incansablemente para encontrar dentro de sí la respuesta.

Lo primero que los "enanos" harán es darle suficientes datos para que usted cree un mapa de acceso a toda la información que ellos tienen guardada y haga las asociaciones necesarias. Este mapa es fundamental para luego obtener los detalles. Por ello, es vital que escriba las respuestas tal y como vengan.

Debido a que la velocidad de análisis, pensamiento y búsqueda del subconsciente es mucho más veloz que la de la mente consciente, los "enanos" enviarán información que puede parecer ilógica y disparatada. También es normal que en este momento la mente consciente trate de intervenir y decir: "eso no va a funcionar" o que "no tiene sentido". Por lo tanto, es vital impedir que el consciente tome control antes de tiempo. No pregunte, no sobreanalice, simplemente anote todo tal y como le venga a la mente. Con la práctica aprenderá a controlar a la mente consciente y a dejar que el subconsciente hable sin inhibiciones.

4. Analice las opciones que le indiquen el subconsciente y elabore un plan de acción con base en ellas.

Ahora estudie cada una de las opciones que los "enanos" le

sugirieron y deje que el subconsciente hable de nuevo. Al leer su mapa mental, el subconsciente buscará todas las asociaciones creadas. Usted se maravillará al ver que lo que aparentaban ser ideas ilógicas y disparates, en realidad son gatillos que activan información para desatar oportunidades, soluciones y datos sorprendentes.

Una vez haya recibido la información y haya analizado los detalles de lo que la mente encontró, debe delinear un plan de acción con el fin de convertir en realidad esa solución. Tómese el tiempo necesario para pensar y planificar los pasos requeridos y, de esta manera, poder llevar a cabo exitosamente las sugerencias que le hicieron sus "enanos".

5. **Emprenda la acción.**

Existen dos fórmulas muy simples que definen este último paso.

PRIMERA FÓRMULA:
Información + Acción = Transformación

Con frecuencia he escuchado que la información da poder, pero estoy totalmente en desacuerdo. La información por sí misma no da poder alguno. El verdadero poder está en el momento en que usted aplica la información recibida y emprende una acción para lograr los resultados.

Es en este momento cuando el papel se hace realidad, el plano se convierte en proyecto y la intención se convierte en pasos logrados. Emprenda la acción tras las sugerencias de su subconsciente. Su mente acaba de invertir un tiempo valioso en buscar las respuestas en su interior. Los "enanos" se encargaron de darle la información requerida para solucionar esa situación o ese problema. Por lo tanto, actúe.

SEGUNDA FÓRMULA:
Información - Acción = Frustración

Si no emprende la acción según el plan definido, el esfuerzo de los "enanos" será en vano. Ellos, seguramente, interpretarán que el proceso de búsqueda no valió el esfuerzo. En este caso tendrá un grupo de "enanos" frustrados, y la próxima vez que les consulte algo no se esforzarán por buscar la solución ni por brindarle múltiples opciones. Con seguridad se preguntarán: "¿Para qué buscar información si no se hará nada con ella?" Y aquí entra en juego lo que llamo "los enanos sindicalizados en huelga", que simplemente no se esfuerzan porque no ven reconocido el valor de hacerlo.

Regresamos a la frase con la que dimos inicio a estos cinco pasos: "Todo lo que necesitas saber para triunfar está dentro de ti. Sólo tienes que preguntar, escuchar y confiar".

En el proceso de convertirse en un fabricante, usted ha aprendido que su mente hace asociaciones diariamente y no descansa en la tarea de archivar información para brindarle soluciones cuando así lo requiera. Aproveche ese poder que existe dentro de usted y que lleva décadas programando su máquina mental. Está científicamente comprobado que esa máquina, su mente, es más poderosa que todos los computadores que usted conoce.

El verdadero fabricante estudia, sigue el proceso que he venido explicando y habla correctamente con sus "enanos". Comience hoy mismo a hablarle a los suyos. Ellos están ahí, listos, ansiosos y prestos para ayudarle. Reconózcalos, hábleles, prográmelos y utilícelos en su favor.

Es sumamente sencillo. Sólo tiene que preguntar, escuchar y, sobre todo, confiar siempre en usted.

**El fabricante conoce el proceso de programación mental
y lo utiliza al máximo.**

Cimientos de
FABRICACIÓN

1. El recurso más valioso en el proceso de creación es la propia mente.

2. La alimentación mental del fabricante es:
    PIPO
    "Power In - Power Out"
    (Si entra poder - sale poder)

3. Por eso el fabricante cuida de lo que ve, de lo que oye, de lo que prueba, de lo que huele, de lo que siente y, sobre todo, de lo que piensa.

4. La alimentación mental del comelón es:
    GIGO
    "Garbage In - Garbage Out"
    (Si entra basura - sale basura)

5. El fabricante de queso cuenta con su ejército de "enanos" en el proceso de fabricación.

6. Los dos pasos básicos para la reprogramación mental de los "enanos" son:
    *   Identificar los pensamientos, las creencias y las acciones que lo han llevado a donde está ahora.
    *   Cambiarlos por nuevos pensamientos, creencias y acciones, es decir, remover lo que lo está limitando y reprogramar su subconsciente con información que le ayude a alcanzar el máximo potencial como fabricante.

7. El fabricante conoce los dos principios claves para que la reprogramación mental de los "enanos" sea efectiva:
    *   Para sus "enanos" existe una sola persona: usted.
    *   Los "enanos" sólo manejan imágenes.

Cimientos de
FABRICACIÓN

8. Son cinco los pasos para utilizar el poder de los "enanos" en la fabricación:
   - Visualice claramente lo que desea.
   - Anótelo, plantéelo específicamente y estimule sus sentidos.
   - Concentre su poder mental en establecer un plan de acción y una fecha.
   - Crea en su proyecto y mantenga una expectativa positiva.
   - Emprenda la acción inmediatamente.

9. También existen cinco pasos para maximizar a los "enanos" en la búsqueda de soluciones a problemas o situaciones:
   - Convierta el problema o la situación en una pregunta positiva.
   - Controle su mente consciente y deje que su subconsciente trabaje en la solución.
   - Tenga siempre lápiz y papel a la mano para escribir las respuestas del subconsciente de inmediato y según se le ocurran.
   - Analice las opciones que le indique el subconsciente y elabore un plan de acción con base en ellas.
   - Emprenda la acción.
   - Conozca el poder de la programación mental y utilícelo al máximo.

Mapa de
CONSTRUCCIÓN

Responda las siguientes preguntas:

Entre las palabras que utilizo actualmente, ¿cuáles limitan a mis "enanos"?

_____

_____

_____

_____

¿Y cuáles otras palabras estimulan a mis "enanos" hacia la productividad, la creatividad y el éxito?

_____

_____

_____

_____

¿Qué palabras voy a incorporar a mi lenguaje interno, para facilitar la realización de mis proyectos y mis metas?

_____

_____

_____

_____

¿Qué imagen viene a mi mente al escuchar la palabra éxito?

_____

_____

_____

_____

Mapa de
CONSTRUCCIÓN

¿Cuál es mi visión acerca del trabajo, del dinero, de la vida y de mí mismo?

_____

_____

_____

_____

¿Cuándo fue la última vez que vi, toqué, dibujé y visualicé mi proyecto, meta o sueño?

_____

_____

_____

_____

Utilizando palabras y frases de éxito, ¿qué afirmaciones puedo proporcionar a mis "enanos" para desatar la actividad creativa y productiva?

_____

_____

_____

_____

CAPÍTULO

10

El fabricante,
aprovecha la ventana de oportunidad

En 1977, en Puerto Rico, un joven ejecutivo del área del entretenimiento creó un innovador concepto. La idea consistía en formar un grupo musical, cuyos miembros, adolescentes, fueran reemplazados en cuanto alcanzaban determinada edad. Con esto se buscaba que la imagen y el sonido del grupo se mantuvieran juveniles y que atrajeran siempre a la nutrida audiencia joven. El resultado de dicha fórmula fue el grupo Menudo, que tuvo un éxito inmediato y se convirtió en el fenómeno musical más exitoso en la historia de los grupos juveniles latinoamericanos.

Para finales de los años setenta, Menudo fue el primer grupo de habla hispana que rompió exitosamente la barrera del idioma en los Estados Unidos. En Nueva York se comparaba la llegada de este grupo con la de los Beatles, veinte años antes. La popularidad del grupo creció increíblemente, con especiales de televisión, discos, conciertos y películas. Se han vendido sobre veinte millones de copias de sus 35 discos, y el grupo apareció en la portada de la revista Time, Newsweek y People, entre otras. Sus miembros han sido entrevistados en Good Morning America, ABC y 20/20. Aún hoy mantienen el récord mundial de mayor audiencia en un concierto para un solo grupo musical, con más de cien mil personas en el estadio.

Pero, ¿qué fue lo que vio Edgardo Díaz, creador de dicho concepto, que le trajo el éxito mundial a sus manos? Edgardo notó la ausencia de un grupo musical que supliera una necesidad de entretenimiento que había entre los jóvenes. Sabía que no existía un grupo juvenil que ofreciera música, entretenimiento y alegría a los enérgicos jóvenes entre los diez y los dieciocho años. Se percató de que el mercado de jóvenes entre estas edades se renovaría constantemente y, por ello, creó una estrategia para mantener el grupo con una imagen siempre joven y refrescante. Gracias a esta estrategia, el grupo no sólo alcanzó el éxito en las décadas de los setenta, los ochenta y los noventa, sino que continuó vendiendo discos y ofreciendo conciertos en varios países de Latinoamérica por décadas.

¿Cuántos productores de música estuvieron ante la oportunidad de propiciar este fenómeno juvenil en 1977? En realidad, todos, pero sólo uno la vio y la aprovechó. Como dice la expresión popular: "Estaba en el momento preciso, en el lugar preciso y a la hora precisa". Realmente tenemos que añadir que tenía la conciencia correcta. El resto es historia.

En realidad todos estamos en ese "lugar", pero no todos nos damos cuenta. ¿Cuántos hubiesen deseado comprar acciones de Microsoft o de Computadores Dell en la década de los ochenta? ¿Cuántos desearían haber iniciado ese negocio que hoy es todo un éxito y ha hecho libres y felices a sus dueños? ¿Cuántos hubiesen comprado esa casa cuyo valor inicial ha aumentado cinco veces? ¿Cuántos hubiesen deseado ser los creadores de esa estrategia de penetración de mercado, del proyecto de esa nueva sucursal, de la propuesta ganadora o de algún otro proyecto que hoy es un éxito en la empresa en la cual labora y que alguna vez estuvo en sus manos? ¿Cuántos de nosotros hemos tenido ideas, conceptos, proyectos y negocios en nuestra mente, que sabemos que hubiesen florecido y logrado mucho éxito?

Existe un concepto llamado "la ventana de oportunidad" que podríamos definir como "el momento en el cual todos los factores están a favor para aprovechar una oportunidad con éxito"; un momento en el que todos los indicadores reflejan que esa idea, ese concepto, ese negocio o esa aventura dará buenos resultados. ¿Cuántas veces usted ha estado ante un momento en el que sabe que tiene la oportunidad en sus manos? ¿Cuántas veces usted ha visualizado algún negocio o proyecto que sabe que es ahora o nunca?

El fabricante identifica y aprovecha la ventana de oportunidad.

En un seminario corporativo escuché a Ron Ball, comunicador internacional, definir los siguientes parámetros que le ayudarán a reconocer en qué momento la ventana de oportunidad está a su favor y, en tal caso, qué debe hacer:

1. **La ventana de oportunidad llega y se va, no permanece abierta.**

    Retomemos el ejemplo de Menudo. Cientos de grupos musicales han seguido su camino, algunos durante meses, otros por años, pero ninguno ha tenido el éxito que tuvo el grupo original. ¿A qué se debió tal éxito? ¿A las voces de los jóvenes? No. ¿A la estrategia de mantener el grupo siempre joven? Definitivamente no. Han surgido grupos con la misma estrategia, con voces similares y con el nivel de profesionalismo de Menudo, pero la ventana de oportunidad fue identificada y aprovechada por Edgardo, su manejador y creador, y fue él quien logró el mayor éxito. Cuando la ventana de oportunidad llegue, recuerde que no siempre estará abierta. Esto nos lleva al segundo punto.

2. **En la ventana de oportunidad el tiempo lo es todo.**

    Existe una vieja frase que dice: "El tiempo lo es todo", y esto es una realidad absoluta. En 1925, el mercado de nutrición y suplementos vitamínicos era prácticamente desconocido. Pero, motivado por sus estudios en Asia y su pasión por la nutrición, las investigaciones y la salud, el doctor Carl F. Rehnborg identificó la necesidad de desarrollar vitaminas y minerales que contribuyeran a la nutrición humana. Su visión lo llevó a realizar estudios profundos en el área de los nutrientes naturales y los fitonutrientes y como resultado, fundó la empresa Nutrilite en 1934, aprovechando así la ventana de oportunidad identificada. Hoy Nutrilite es la empresa líder en el multibillonario mercado de suplementos vitamínicos, con representación en el mundo entero.

    En 1975 Steve Jobs vio la oportunidad de simplificar la manera de interactuar con los computadores que hasta ese momento, eran utilizados sobre todo por las grandes empresas para realizar análisis complejos y tediosos. Desde el garaje de su casa, Steve comenzó a visualizar y a cambiar la definición de lo que los computadores podrían aportar en cada hogar; vio una ventana de oportunidad en facilitar la manera de utilizarlos. Con la introducción de un sistema de ventanas, gráficas y del mouse o ratón de manejo, Jobs creó el computador Apple que impulsaría una revolución en la industria de los computadores portátiles, y que hoy es reconocida como la empresa de mayor valor en el mercado.

Durante la década de los setenta, Bill Gates visualizó que, en muy poco tiempo, cada hogar y cada oficina necesitarían un computador personal. Entonces detectó la ventana de oportunidad en la idea de crear programas útiles para dichas máquinas y creó la compañía Microsoft. Hoy es la empresa más grande de programas para computadores, y esto lo ha convertido en uno de los hombres más poderosos y ricos del mundo.

En 1984, Michael Dell, con sólo veinte años de edad, tenía mil dólares y una idea. Al advertir que el mercado de distribución de computadores era sumamente ineficiente y costoso, identificó la ventana de oportunidad en la idea de distribuir computadores personales directamente a los usuarios, eliminando así los intermediarios y reduciendo los costos de distribución. Gracias a esa forma original de venta directa y como pionero en la creciente industria de la tecnología, Dell se llegó a convertir en la empresa líder en ventas de computadores personales en el mundo. Actualmente emplea sobre 100 mil personas alrededor del mundo entero, y es reconocida como una de las empresas que más vende a través del Internet.

¿Qué tienen en común estas cuatro historias? Sus personajes vieron la ventana de oportunidad y emprendieron la acción a tiempo. Estoy convencido de que alguien iba a desarrollar el mercado de vitaminas, el de soluciones computadorizadas, o el de programas electrónicos, pero fueron estas personas las que vieron la oportunidad y trabajaron con el tiempo a su favor. Por lo cual...

3. **Todo dependerá de su actitud y su disponibilidad para aprovechar la ventana de oportunidad.**
   Miles de personas estaban listas y tenían todos los recursos intelectuales y la energía necesaria para aprovechar las ventanas de oportunidad anteriormente descritas, pero la actitud de estos pioneros fue lo que hizo la diferencia. No sólo tenían el conocimiento, la energía y las ideas, sino la actitud de aprovechar la oportunidad al mantener expectativas positivas y una visión enfocada en el éxito.

   Muchas personas logran identificar la ventana de oportunidad para desarrollar un proyecto o un negocio, pero pocas tienen la actitud y la disponibilidad para aprovechar dicha oportunidad y desarrollarla al máximo. Estoy convencido de que todos tenemos el deseo de aprovechar las oportunidades. Si usted pudiera retroceder en el tiempo y comprar acciones de Microsoft o ser parte del desarrollo del centro comercial más grande de su ciudad, de seguro lo haría. Entonces, ¿por qué las personas no aprovechan las ventanas de oportunidad, que siempre están ahí?

El trampolín para lanzarse al éxito cuando la ventana de oportunidad se abre, ¡es la actitud!

Hace un tiempo, la compañía de películas Disney, junto con la compañía de animación Pixar, presentó al público el DVD de Buscando a Nemo. Esta película fue un éxito absoluto desde su lanzamiento con $70.2 millones de dólares en ventas en los tres primeros días de su presentación en cine, y con ocho millones de copias en video y DVD vendidas el primer día. Me atrevo a decir que Doris, la coprotagonista de esta película animada, refleja la actitud de la gerencia de Pixar. Doris es un pez alegre, divertido y, sobre todo, mantiene siempre una actitud positiva. Sin importar la situación que se presente, Doris muestra siempre una actitud positiva con respecto a la posibilidad de alcanzar la meta.

Los fabricantes desarrollan una actitud positiva hacia las ventanas de oportunidad: ven siempre las posibilidades y no los obstáculos.

Como buen fabricante, me gusta aprender mirando y analizando desde todos los ángulos. Así que después de disfrutar de esta película junto a la familia, procedí a ver el documental sobre su realización. No era de sorprender el entusiasmo, la fe y la determinación del equipo de desarrollo de dicho proyecto que duró tres años y medio, y en el que participaron cientos de personas. El ánimo del director, Andrew Stanton, se mantuvo siempre como guía del equipo hacia el éxito, y no es de extrañar que Steve Jobs, fabricante anteriormente mencionado en este capítulo, fuera el dueño de animaciones Pixar en ese momento.

4. **Actuar cuando la ventana de oportunidad está abierta no le garantiza el éxito, pero le proporciona la ocasión de obtenerlo.**

Hace varios años fui invitado a escuchar una conferencia en la que se explicaría un negocio personal, y pensé que esto podría ayudarme en la meta de diversificar mis ingresos. Entonces estaba en las puertas de los treinta años y, aunque mi desempeño y ascenso en la empresa donde laboraba era constante y prometedor, estaba determinado a estudiar el poder de la diversificación. Cuando era muy joven había escuchado un consejo popular: "No pongas todos tus huevos en la misma canasta", de modo que estaba dispuesto a analizar oportunidades y nuevos cambios.

Esa noche se hablaría sobre el desarrollo de negocios virtuales y el poder de la diversificación. Le comenté acerca del tema de la conferencia a un amigo muy cercano y su reacción inmediata fue: "No vayas. He escuchado eso anteriormente y sé que lo que desean es motivarte". Yo quedé un poco confundido, pues mi amigo no me estaba dando ningún argumento negativo sobre la conferencia, pero me recomendaba que no fuera.

Afortunadamente, lo que hago siempre es analizar primero y luego tomar decisiones. Así que asistí a la conferencia. No sólo me presentaron un programa de negocios muy prometedor, sino que conocí un equipo de profesionales dispuestos a desarrollar negocios virtuales con seriedad, profesionalismo y entrega en la zona donde vivía. Esa noche decidí indagar sobre la oportunidad de negocio que se me planteaba y, después de analizar la empresa y sus componentes, vi que era una buena manera de comenzar la tan buscada diversificación de ingresos. Hoy reconozco que esa oportunidad de negocio me proveyó no sólo dinero adicional en una nueva industria, sino también creó en mí la mentalidad, los recursos y la sabiduría en negocios para diversificar las fuentes de ingreso. Esto nos ha dado la libertad para planificar los proyectos de vida sin presiones de tiempo, jefes y limitaciones durante la pasada década.

Hoy mi amigo me dice: "Que suerte tuviste. Dale gracias a Dios que estuviste en el momento preciso de la oportunidad". En realidad, muchos amigos estuvieron en ese momento también. De hecho, fueron invitados al análisis de ése y otros proyectos que hemos comenzado, pero no estuvieron dispuestos a actuar ante la ventana de oportunidad. Muchas veces me pregunto a qué se debe este hecho. ¿A qué se debe la inacción? ¿A qué se debe la incertidumbre o la inactividad? Todos sabemos que no se debe a que las personas no desean los resultados de la diversificación y la libertad. Entonces, ¿a qué se debe?

Después de analizar el paradigma de la inacción durante varios años, he determinado que se debe a tres factores: temor, comodidad y conformismo.

- *El temor* puede mover o puede paralizar, depende de cómo se vea, se sienta, se interprete y se maneje. Hay personas que se paralizan ante las situaciones y los retos, mientras otras se movilizan y actúan. Algunas tienen temor a lo desconocido, al trabajo requerido e incluso a la responsabilidad del éxito.

  Si pudiera brindarle una fórmula que aumentara inmediatamente sus probabilidades de éxito en un 50 por ciento, ante cualquier oportunidad que estuviera analizando en ese momento, ¿usted estaría interesado en aplicarla? Seguro que sí. Pues la fórmula es muy sencilla.

  Usted tendrá un 100 por ciento de probabilidad de no lograr el resultado en aquella oportunidad que no tome. Ahora bien, todo aquello que comience y desarrolle podría o no funcionar, y eso lo lleva automáticamente a tener un 50 por ciento de probabilidad de éxito.

El fabricante sabe que simplemente con actuar aumenta en un 50 por ciento sus probabilidades de éxito.

- *La comodidad*. Vivimos en el mundo de las comodidades. El control remoto evita que tengamos que pararnos de la silla para poner nuestro programa favorito; el microondas evita que tengamos que descongelar la comida con horas de anticipación; el computador personal permite que miles de personas trabajen en la comodidad de su hogar, sin necesidad de levantarse diariamente para ir a otro lugar a trabajar.

Estamos rodeados de comodidades.

Por supuesto que estas comodidades benefician al ser humano y hacen la vida más placentera, pero tanta comodidad ha llevado a muchas personas a querer aplicarla en todos los aspectos de la vida. No quieren analizar y no desean hacer nada que requiera un esfuerzo adicional. El fabricante, por el contrario, sabe que el único lugar en el que el 'éxito' precede al 'trabajo' y al 'sacrificio' es en el diccionario. En todos los demás lugares, el trabajo y el sacrificio van siempre antes que el éxito. En pocas palabras, para alcanzar el éxito hay que salir de la comodidad.

- *El conformismo.* Según el diccionario, conformismo es "la actitud del que se adapta a cualquier circunstancia o situación con excesiva facilidad". El ser humano necesita flexibilidad para adaptarse a las situaciones y lograr producir al máximo según las circunstancias que se le presentan. Por otra parte, "conformarse" también está asociado a "resignarse", "resistir", "soportar" y "aguantar", palabras que paran la acción, paran la lucha y obstaculizan el éxito.

Hace unos años se realizó un experimento muy interesante. Primero se calentó una jarra con agua hasta el punto de hervir y luego se procedió a introducir en ella una rana. Tan pronto como la rana sintió la temperatura hirviendo, saltó de la jarra. Después se llenó otra jarra con agua a temperatura agradable y se procedió a meter allí a la misma rana, que se adaptó a la temperatura y esta vez se quedó en la jarra. Poco a poco se fue aumentando la temperatura hasta el punto de ebullición, y la piel de la rana se fue adaptando a la nueva temperatura sin sentir el cambio ya drástico en el agua, hasta que murió.

Igual que en este ejemplo, hay personas que se adaptan, soportan y se resignan ante los cambios perjudiciales que les presenta la vida. Podrían salir del jarro de la mediocridad, pero poco a poco han ido aceptando esos parámetros como buenos y confortables, no están dispuestas a moverse ante lo que en realidad es incómodo y, por lo tanto, mueren carentes de aventuras y oportunidades en todas las áreas de su vida.

5. **Es mas fácil aprovechar la oportunidad cuando la ventana está abierta que tratar de abrirla cuando se cierra, o crear una nueva.**

    Podríamos decir que la ventana de oportunidad muchas veces se abre sola. La cultura, la sociedad, los cambios tecnológicos y otros elementos crean constantemente ventanas de oportunidad. Tal como he mencionado anteriormente, la ventana de oportunidad no estará abierta todo el tiempo, y es mucho más fácil aprovecharla cuando está abierta que crearla o tratar de abrirla nuevamente una vez que ya lo ha hecho otra persona.

6. **Cuando decida aprovechar la ventana de oportunidad, más vale que esté preparado y con las herramientas adecuadas.**

    Todo éxito en la vida requiere preparación. Posiblemente usted ha jugado baloncesto en algún momento de su vida: ha manejado bien el balón, lo ha lanzado a la cesta y lo ha encestado algunas veces. Si hacemos un breve análisis de esta actividad, en nada difiere de lo que hace Michael Jordan. Michael sabe manejar el balón, lo lanza a la cesta y acierta algunas veces. Ahora bien, si ambos hacen la misma actividad, ¿por qué a él le pagan unos cuantos dólares más que a usted por jugar baloncesto? La respuesta es muy sencilla y reveladora: ¡Michael Jordan es un profesional!

    El término "profesional" siempre se ha relacionado con las palabras "preparación" y "ejecución". Michael se preparó para ser el mejor: jugó, practicó y estudió el juego del baloncesto más que nadie; decidió ser un profesional en su labor. Así que cuando la ventana de oportunidad surgió, él estaba preparado para aprovecharla. Si surge la ventana de oportunidad y usted no está preparado, ni cuenta con las herramientas de desarrollo, no la podrá aprovechar. Y en tal caso, le aseguro que la frustración será más grande.

Con los años he aprendido que todos en la vida deseamos identificar esa ventana de oportunidad. Como fabricantes, tenemos que identificar en qué momento la rutina diaria, los resultados obtenidos o simplemente nuestro ser nos hace desear atravesar la ventana de oportunidad.

Hay cuatro síntomas que le permitirán saber cuándo es el

momento de identificar una ventana de oportunidad en la industria o en la actividad que realiza.

1. **Cuando siente frustración y no puede descansar tranquilamente.**

   Las estadísticas reportan que millones de personas padecen de estrés, frustraciones e insomnio. Es muy común que las personas se quejen y expresen sus frustraciones con la actividad que están realizando.

2. **Cuando ve la vida nublada o vive "en automático".**

   Si las calles no estuvieron asfaltadas, seguro que veríamos los surcos que dejan los seres humanos al caminar. Esto debido a la monotonía y continuidad de actividades que ya no nos atraen, no nos retan ni nos interesan, pero que seguimos haciendo por costumbre. Muchas personas llevan su vida simplemente "en automático": adoptaron patrones y hábitos que repiten día tras día, mes tras mes y año tras año.

3. **Cuando está cansado de la labor que realiza diariamente.**

   "¡Mamá, hoy no quiero ir a la escuela!" ¡Cuántos adultos comienzan su día con una actitud similar! Cuántas personas no desearían decirle a sus cónyuges (o decirse a sí mismos): "Hoy no quiero ir a trabajar", "Hoy no deseo realizar mi labor", "Hoy no quiero abrir el negocio", "Hoy no quiero compartir con la familia".

4. **Cuando recibe mensajes claros de su cuerpo.**

   El cuerpo es una máquina maravillosa y entre esas maravillas se encuentra su poder de regeneración y su capacidad para enviar mensajes claros y directos. Por ello, uno de los primeros indicios de que necesita una nueva oportunidad se lo dará su cuerpo. Él mismo se encargará de hacerle saber que es hora de un cambio y lo manifestará con dolores de cabeza, cuello, hombros, espalda, corazón, o hasta con mala digestión. El fabricante sabe que su cuerpo es la herramienta más importante para la fabricación. Por lo tanto, no hace caso omiso a los mensajes que éste le envía.

   Cuando identifique alguno de estos cuatro síntomas, busque

inmediatamente su ventana de oportunidad. Estoy convencido de que hay una para usted. Simplemente tiene que estar atento y preparado para cuando ésta surja y... ¡actuar!

El fabricante está siempre atento a la ventana de oportunidad y la aprovecha al máximo.

Cimientos de
FABRICACIÓN

1. La ventana de oportunidad brinda opciones.

2. La ventana de oportunidad es el momento en que todos los indicadores y factores reflejan que su idea, su concepto o su negocio dará resultados.

3. La ventana de oportunidad llega y se va. No permanece abierta.

4. En la ventana de oportunidad el tiempo lo es todo.

5. Todo dependerá de su actitud y su disposición para aprovecharla.

6. Actuar cuando la ventana de oportunidad está abierta no le garantiza el éxito, pero le proporciona la ocasión de obtenerlo.

7. Si todos deseamos aprovechar la ventana de oportunidad, ¿por qué no lo hacemos?
   • Por temor
   • Por comodidad
   • Por conformismo

8. Es más fácil aprovechar la ventana de oportunidad cuando está abierta que tratar de abrirla cuando se cierra o crear una nueva.

9. Estar preparado para cuando la ventana de oportunidad se abra es vital para el éxito.

10. Síntomas que indican en qué momento necesita identificar una ventana de oportunidad:
    • Cuando siente frustración y no puede descansar tranquilamente.
    • Cuando ve la vida nublada y vive "en automático".
    • Cuando está cansado de la labor que realiza diariamente.
    • Cuando recibe mensajes de su cuerpo.

Mapa de
CONSTRUCCIÓN

Responda las siguientes preguntas pensando en su trabajo, su hogar, sus finanzas, su familia, sus amigos y su negocio o empleo:

¿Qué oportunidad puedo identificar en mi profesión o industria?

_____

_____

_____

¿Qué necesidad no satisfecha he detectado en mi área de desarrollo?

_____

_____

_____

¿Qué ideas tengo para suplir dicha necesidad?

_____

_____

_____

¿Cuándo identifiqué esa ventana de oportunidad? ¿Hasta cuándo puedo predecir que estará abierta?

_____

_____

_____

¿Cuáles son los beneficios de aprovechar esta ventana de oportunidad?

_____

_____

_____

¿Cuáles son los riesgos que representa actuar ante esta oportunidad?

_____

_____

_____

144

Mapa de
CONSTRUCCIÓN

¿Cuáles son los riesgos de no aprovechar esa ventana de oportunidad?

_____
_____
_____
_____

¿Cómo me sentiré si veo que otra persona aprovechó al máximo la ventana de oportunidad que yo identifiqué?

_____
_____
_____
_____

¿Qué factores me detienen para no aprovechar la ventana de oportunidad identificada?

_____
_____
_____
_____

¿De quién me asesoraré para evaluar los detalles de la ventana de oportunidad identificada? Establezca fecha a esas reuniones.

_____
_____
_____
_____

CAPÍTULO

11

El fabricante,
es creativo e innovador

El día 5 de octubre de 2011 el mundo se estremeció ante el anuncio del fallecimiento de un hombre llamado Steve Jobs. Mas allá de ser reconocido como el fundador de la empresa de tecnología Apple, Steve es reconocido como una de las personas más innovadoras que el siglo XX y XXI ha conocido. Si grande es crear e innovar de tal manera que una industria completa sea transformada, es casi impensable que una sola persona pueda ser responsable de cambiar totalmente las reglas de juego en siete industrias diferentes. Veamos:

Fecha	Producto o Servicio	Industria Transformada	Creador
24 de enero de 1984	Macintosh	Computadores del hogar y portátiles	Steve Jobs
23 de octubre de 2001	iPod	Reproducción de música digital	Steve Jobs
28 de abril de 2003	iTune store	Compra de música digital	Steve Jobs
29 de junio de 2007	iPhone	Teléfonos celulares	Steve Jobs
10 de julio de 2008	App store	Programas y aplicaciones descargadas por Internet	Steve Jobs
27 de enero de 2010	iPad	Tabletas electrónicas	Steve Jobs
19 de enero de 2012	iTunes U, iBooks Author	Estudios universitarios/ Libros de texto	Steve Jobs

Dos elementos son comunes en estas innovaciones. El primero es evidente. Todas ellas fueron concebidas, diseñadas y creadas por una misma persona: Steve Jobs. El otro punto común no tan evidente es que todas ellas siguieron un patrón de pensamiento y una metodología de trabajo que distingue a los innovadores de éxito.

El proceso de innovación y creatividad ha sido un gran mito. Por siglos se ha pensado y casi se ha endiosado a personas que han creado algo revolucionario. Personas como Albert Einstein, Thomas A. Edison, Leonardo Da Vinci y Walt Disney son considerados genios y catalogadas personas fuera de este mundo. Inclusive, por años se mencionaba que el cerebro de Einstein era uno especial y posiblemente de los más utilizados del mundo.

Hoy, gracias a la tecnología y al estudio del cerebro, muchos de esos mitos han sido derogados permitiendo que nosotros, los llamados "mortales" o personas normales, podamos entender que la creatividad e innovación son procesos que se pueden aprender, desarrollar y maximizar.

Comencemos por establecer la diferencia entre crear e innovar. Estas palabras son frecuentemente confundidas e intercambiadas. La creatividad (crear) es el proceso de pensar, imaginar y producir ideas. El creativo juega con ideas y es capaz de visualizar algo que puede solucionar un reto, facilitar un proceso o simplemente brindar una forma nueva de resolver un problema. La innovación es el proceso de lograr que dichas ideas pasen de la mente a la realidad, del sueño al resultado, del deseo a la acción.

En el mundo globalizado y cambiante en que vivimos, no solo es necesario, sino crucial e imperativo que el fabricante conozca el proceso creativo y logre innovar constantemente. Me atrevo a decir que la capacidad de crear e innovar es la competencia número uno que un fabricante del futuro debe desarrollar. El poder de crear ideas innovadoras es el que revoluciona industrias y países, y genera riquezas, prosperidad y oportunidades. También el dominar el proceso creativo e innovador le dará una ventaja competitiva a usted como fabricante en el mundo laboral, económico y social.

Ahora bien, ¿cuál es el proceso a seguir para desarrollar la mente creativa y el perfil de un innovador? Lo primero que tenemos que establecer es que generar ideas creativas no es simplemente una función de la mente. Para ello también entran en función las creencias. Esto de por sí es un dato alentador porque nuestras creencias son aprendidas, por lo tanto, pueden ser modificadas para lograr maximizar su capacidad de crear e innovar. Al leer la biografía de Steve Jobs, Walt Disney y otros innovadores podemos notar que ellos manifestaban, aun cuando nada era evidente, su deseo y creencia de crear algo que cambiara el mundo. Steve Jobs repetía frecuentemente su misión y creencia por medio de su famosa frase: "A dent in the universe" (Una marca en el universo), refiriéndose a su deseo de dejar un legado para el universo. Todo fabricante creativo e innovador comienza creyendo que puede y debe ser diferente. Los fabricantes creativos e innovadores odian el "status quo", o sea, la estabilidad y el estancamiento. El creativo busca constantemente cambiar para mejorar y juega todo el tiempo en su mente con las ideas que puedan crear un mundo mejor. Esta actitud de mejoría constante se puede desarrollar si, frecuentemente, en cada acción productiva que usted realiza, se hace la pregunta: ¿Cómo puede ser mejor este proceso?

Durante una visita, en la década de los cincuenta, a un parque de diversiones junto a sus hijas, Walt Disney simplemente se preguntó, ¿Cómo puedo crear un parque temático más limpio, entretenido y atractivo para los padres como yo? El resultado fue "Disney World", el parque temático más grande del mundo que recibe millones de visitantes anualmente.

Por otro lado, mientras trabajaba en diversos circos como artista, acróbata y tocando el acordeón, un hombre común llamado Guy Laliberte se preguntó: ¿Cómo se puede crear una experiencia diferente en una industria que no se ha renovado en siglos? Y, siguiendo el proceso de pensamiento creativo e innovador que te enseñaremos en este capítulo, creó lo que hoy es el Circo del Sol o "Cirque du Soleil". Un espectáculo de entretenimiento que revolucionó la tradicional industria de circos, manteniendo en la actualidad sobre veinte espectáculos diversos en cinco continentes y generando sobre mil millones de dólares anuales con un circo que no tiene animales, no tiene artista principal y rompió con todos los esquemas de lo que es un circo tradicional.

Por años, miles utilizamos teléfonos celulares que permitían hacer llamadas, navegar el Internet, tomar fotos y otras funciones en los llamados "Smart Phones" o teléfonos inteligentes. Aunque los fabricantes eran diversos y los tamaños muy variables, la realidad es que todos presentaban una pequeña pantalla junto con un teclado para entrar información, hasta que Steve Jobs se preguntó: ¿Cómo puede esto ser más eficiente? El resultado fue el iPhone. Un teléfono con un solo botón y todo lo demás dedicado a la pantalla de información. Aunque parecía una locura cuando concibió la idea, hoy todos los teléfonos celulares que dominan el mercado siguen su simpleza y eficiencia.

Quizás pienses que solo las personas superdotadas y con características especiales como las aquí mencionadas logran cambiar industrias. La cadena de televisión CNBC contrató al empresario Donny Deutsch para liderar un programa llamado "The Big Idea" (La Gran Idea). En el mismo se entrevistan personas que han experimentado ese momento del "¡Eureka!" donde una gran idea ha cambiado el curso de sus vidas. Me atrevo a decir que sobre el noventa por ciento de los entrevistados eran personas comunes y corrientes que un día se preguntaron: ¿Habrá una mejor manera? La respuesta a ese dilema los guió a crear productos que produjeron millones de dólares y revolucionaron industrias completas.

Ya sea que visitas un lugar y ves algo que puedes mejorar, que realices un trabajo y sabes que puede realizarse más eficientemente o que te canses de utilizar algo que parece complicado y anticuado, el proceso de creatividad comienza con una pregunta común: ¿Cómo puede esto ser más eficiente? Es importante que se defina la diferencia entre eficiencia y efectividad porque es la clave para desatar la creatividad.

Usted es efectivo cuando logra hacer lo propuesto. Es eficiente cuando esto lo logra con una fórmula la cual llamo "menos-menos-más". Esto es, cuando logra llevar un proceso, un producto o una idea a lograrse con **menos** recursos, **menos** tiempo y **mayores** resultados.

A este momento puedo dividir los fabricantes creativos e innovadores en cuatro tipos.

1) Los innovadores empresarios que con sus ideas y conceptos comienzan su propio negocio o industria.

2) Los innovadores corporativos que crean procesos e ideas nuevas y revolucionarias dentro de una empresa existente.

3) Los innovadores de productos que crean y lanzan productos que cambian las reglas en su industria.

4) Los innovadores personales que buscan nuevas formas de hacer y realizar sus responsabilidades en el hogar, iglesia, organización y comunidad en general.

Una de las preguntas que más escucho en mis conferencias de liderazgo es: ¿El líder nace o se hace? Esta misma pregunta puede ser transferida a las personas creativas e innovadoras. Las personas, ¿se hacen innovadoras o simplemente nacen así?

El libro *The Innovator's DNA* presenta un proceso sistemático, probado y fácil de implementar para desarrollar las cualidades indispensables de un fabricante creativo. Estos pasos son: asociar, cuestionar, observar, compartir y experimentar. A estos pasos le añadimos los pasos de actuar, errar, rediseñar y comenzar nuevamente.

ASOCIACIÓN - CONECTAR LOS PUNTOS

Posiblemente cuando eras niño jugaste el juego "Conecte los puntos". El mismo consiste de un tablero lleno de puntos con números que al mirarlo de primera instancia, parecía simplemente muchos números sueltos y sin sentido. Pero cuando unías todos los puntos, podías ver una imagen reflejando algún objeto, foto o paisaje.

Uno de los discursos más famosos del fabricante e innovador Steve Jobs es el que dictó ante la Universidad Stanford en el 2005. Ese día, Jobs dividió su mensaje en tres temas. El primer tema él lo llamó "Conectar los puntos". En el mismo, Steve describe cómo su vida transcurrió entre diversas experiencias desconectadas y hasta opuestas, que al asociar y conectar los puntos que otros no conectan, crearon mucho de lo que hoy admiramos de Steve.

Aparentaba ser un fracaso personal y una pérdida de tiempo cuando a principio de los años setenta, Steve Jobs decidió darse de baja de la universidad donde estudió. Esto le eximió de la obligación de tomar los cursos pre-designados por la universidad y le permitió tomar clases aleatorias según era su interés y deseo. No había ninguna razón ni aplicabilidad aparente cuando se matriculó de oyente en clases de caligrafía, arte y filosofía, entre otras, en la Universidad de Reed en California. De seguro que para muchos, quizás inclusive para sus padres y para él, parecía tiempo perdido. Diez años más tarde, todo cayó en su lugar cuando Steve dirigía el equipo de desarrollo de su primera gran invención, la computadora "Macintosh". Lo aprendido en aquellas clases de caligrafía permitiría que de ahí en adelante todas las computadoras ofrecieran diversidad de letras, estilos y tamaños. Su pasión por el arte y lo aprendido en sus tiempos errantes como universitario, le guió a crear equipos electrónicos reconocidos no solo por su funcionalidad, sino por su diseño artístico, estilizado e innovador. Es muy difícil conectar puntos hacia el futuro, pero cuando mire al pasado, verá que mucho de lo ocurrido puede asociarlo para maximizar su presente.

Cuando niños, la técnica número uno para aprender y explorar el mundo es la asociación. Un niño recién nacido se mueve de casa en casa, de mano en mano y de experiencia en experiencia. De manera natural su cerebro comienza a asociar todo lo vivido entre imágenes, lenguaje, experiencias sensoriales y experimentación sin límites, para ir descubriendo un mundo nuevo y asociando definiciones a su nueva existencia. Está probado que si su crianza está llena de apertura y estímulos a explorar, intentar, atreverse, errar, corregir, caerse, levantarse y continuar, el niño será más seguro, creativo y exitoso en su futura vida. Si por el contrario, su crianza está llena de límites, dudas, regaños, castigos, temores y otras experiencias que le retraen de intentar y exponerse, durante sus años de adulto tendrá menos posibilidades, identificará menos oportunidades y no alcanzará nuevos éxitos.

De seguro la vida te ha expuesto a múltiples experiencias. Algunas de ellas las catalogas negativas, otras positivas, algunas grandiosas, otras sin sentido, algunas memorables y otras insignificantes. Lo crucial como fabricante, es que sepas que TODAS son importantes.

De adolescente tuve la oportunidad de ser maestro de escuela dominical en la iglesia que asistía. Fue algo que ocurrió debido a mi deseo de apoyar y ayudar a llevar el mensaje del cristianismo a otros. Por años me desempeñé como maestro, inicialmente de jóvenes y luego de adultos. Al mismo tiempo, debido a mis estudios de música, estuve muchos años tocando en diversos grupos musicales e inclusive dirigiendo varios de ellos temprano en mi vida. Por alguna razón me interesé mucho por el deporte y, luego de participar en varias competencias, desarrollé un sentido de competitividad y deseos de ganar en lo que me propusiera. Todo esto ocurría mientras desarrollé la pasión por conocer de la milicia y su cultura, por lo cual pasé varios años como cadete de la fuerza aérea de los Estados Unidos y luego de la Marina de los Estados Unidos.

La vida dio giros y luego de estudiar ciencias de computadoras, terminé dirigiendo las operaciones y el negocio bancario de uno de los bancos más grandes del mundo. Mientras todo ello ocurría, decidí involucrarme en el desarrollo de negocios virtuales por medio del Internet, lo cual me expuso a un sistema de aprendizaje y desarrollo de cualidades empresariales exponiéndome a conferencias con oradores como John C. Maxwell, Robert Kiyosaki, Norman Schwarzkopf y George Bush padre. Hay quien ve una vida como esta y opinaría que es una de cambios, tumbos e inestabilidad. Hoy, conectando los puntos hacia atrás, es fácil asociar y conectar todas estas experiencias en mi empresa de consultoría *SC Enterprises*. Tanto la escuela dominical como los grupos musicales me enseñaron a manejar grupos masivos y perder el temor escénico ante el público. Los cadetes militares y los deportes inculcaron en mí el espíritu competitivo y de lucha tan necesario para mi labor empresarial actual. Los estudios universitarios y la experiencia bancaria me permitieron conocer de primera mano cómo funciona el mundo corporativo, sus decisiones, implicaciones, retos y responsabilidades. Luego, la experiencia de los negocios virtuales me amplió la visión de alcanzar logros, metas y ganancias más allá de lo jamás pensado. Hoy, conectando los puntos vividos, puedo ver cómo cada experiencia aportó para brindarme la gama de herramientas que hoy poseo para seguir adelante. Pero eso no termina ahí. Hoy aseguro exponerme a nuevas experiencias, lecturas, enseñanzas, relaciones y otras actividades variadas y nuevas. Solo así tendré nuevos "puntos" para conectar y crear un mundo nuevo, mejor, creativo e innovador.

Estoy seguro que si mira hacia atrás, usted tiene muchos "puntos" o experiencias por conectar. Simplemente, tome el tiempo para recordar y apuntar experiencias vividas, caídas experimentadas y aprendizajes adquiridos para asegurar un futuro robusto y poder actuar creativamente. No importa si cataloga su vida pasada como excitante, variada y de crecimiento o si por el contrario, la cataloga como aburrida, sin color y monótona. Hoy hay miles de actividades, información, grupos y oportunidades para que comience a exponerse más y pueda comenzar a crear nuevos "puntos" de anclaje. De esta forma su nueva vida como fabricante creativo estará llena de asociaciones interesantes.

CUESTIONAMIENTO

Los fabricantes creativos e innovadores sienten pasión por preguntar. Estos retan el estancamiento y la monotonía con preguntas como: ¿Qué pasaría si...? ¿Por qué esto es necesario? ¿Qué tal si tratamos esto de otra manera? ¿Qué tal si unimos esta información con aquella experiencia? Son estas preguntas las que provocan conexiones, posibilidades, dirección e intuición. Haga preguntas para entender cómo las cosas trabajan hoy. Pregunte por qué se hace de esa manera y, sobre todo, qué podría ser cambiado, interrumpido o rehecho.

Uno de los productos que nuestra empresa ofrece y que más disfruto es apoyar a empresas a crear sus Planes Estratégicos para tres años. Es gratificante ayudar a una empresa a evaluar sus actividades, iniciativas, oportunidades, retos y planes en todos los aspectos: finanzas, mercadeo, ventas, servicio, operaciones, recursos humanos y tecnología. De esta forma hemos apoyado a empresas en múltiples industrias: banca, farmacéuticas, comunicaciones, ventas, servicio y distribución, entre otras. Hace un tiempo un amigo me preguntó: "Sammy, ¿Cómo puedes asesorar a empresas de industrias tan diversas en áreas tan complejas?" Mi respuesta fue muy simple: "El activo más grande que puedo traer al proceso de análisis es mi desconocimiento. El no conocer me lleva a hacer las preguntas que ellos ya no se hacen."

¿Cuál es tu balance de preguntas y respuestas? La persona que tiene respuesta a todo carece de las preguntas que llevan a la creatividad. Los fabricantes creativos e innovadores demuestran un mayor número de preguntas que de respuestas en sus conversaciones. Muchas de las innovaciones que hoy disfrutamos nacieron del proceso de cuestionamiento constante. ¿Qué puede hacer mejor?

OBSERVACIÓN

Los fabricantes innovadores son observadores intencionales. Ellos miran intensamente el mundo que les rodea. La diferencia entre ver y observar es clave. Todos ven lo que ocurre, pocos observan cómo y por qué ocurre. Los fabricantes observan clientes, productos, servicios, tecnologías, comportamientos, competencia, tendencias, reacciones y cambios en su entorno. Esta cualidad les ayuda a identificar nuevas maneras de diseñar e implementar pasos para mejorar. ¿Qué áreas puedes observar para mejorar? Nuevos productos, nuevas estrategias, nuevos procesos, mercados, canales de distribución; nuevas alianzas, relaciones y servicios. En fin, la lista de posibilidades de áreas donde innovar es tan amplia como su creatividad.

En diciembre del 1979, Steve Jobs vio por primera vez la computadora personal llamada PARC, fabricada por la empresa XEROX. Aunque XEROX tenía la tecnología y los técnicos para crear gráficos y movimientos nunca antes vistos en un computador, no tenían depurado el proceso de observación que tenía Steve y su equipo. Debido a esta cualidad de un fabricante innovador, no fue XEROX quien maximizó lo que tenía en sus manos, sino el fabricante observador quien masificó la distribución de computadores con la interfaz gráfica y el "ratón" de movimiento que hoy es común en todas las computadoras.

Hay quien no ve, por lo cual no verá lo que otros ven. Pero el que ve lo que otros no ven, verá lo que otros no verán. Aunque parece un trabalenguas es fácil de entender.

COMPARTIR

Una de las cualidades que tienen depuradas los fabricantes innovadores es su capacidad de compartir y expandir relaciones. Con esto no hablamos de simplemente hablar o tener muchos amigos. Los fabricantes creativos e innovadores buscan activamente nuevas ideas y conceptos hablando con diversas personas, compartiendo su tiempo y energía, y probando sus pensamientos con los antecedentes, aportaciones y perspectivas de otros.

Muchas veces los profesionales se unen en actividades con el objetivo de compartir y crear nuevas ideas y oportunidades. La realidad es que muchos de estos llamados "networking" pasan simplemente como una actividad sin sentido ni objetivos más allá que pasar un rato juntos. El fabricante innovador y creativo sabe que de cada relación y compartir debe salir una oportunidad, una idea o concepto para crecer, producir y actuar. Para asegurar que cada compartir tenga valor, debe hacerse varias preguntas previo a la reunión: ¿Quién es la persona con quien estaré? Esa respuesta debe ir más allá del nombre. ¿Qué aporte obtendré y daré a esa oportunidad de compartir? ¿Cómo añadimos valor el uno al otro en esta reunión?

Hoy Pixar existe por la capacidad de Steve Jobs de compartir con personas como Ed Catmull y John Lasseter. El primero, un experto en gráficos computarizados y el segundo, en dibujos animados. Parece fácil pensar que tres seres tan creativos se unieran para crear una empresa tan innovadora como Pixar, pero no fue así de simple. La realidad es que en el momento en que se unieron Ed, John y Steve, los tres venían de experiencias penosas en sus respectivas empresas. Cada quien había experimentado el éxito, las caídas y los fracasos que el mundo corporativo inevitablemente provee a los fabricantes. Pero fue la capacidad de Steve Jobs para compartir y obtener lo mejor de cada persona la que logró un trío innovador y sobre todo, unido que ha creado la empresa más creativa y exitosa en la industria de películas animadas y entretenimiento con animación: PIXAR.

EXPERIMENTAR

Todos llegamos al mundo con una curiosidad incansable. Es esa la cualidad principal con la cual cuenta un niño para conocer y dominar el mundo que le rodea. Tengo una sobrina de dieciocho meses de nacida llamada Himar Rachel. En esta etapa de su vida, cada día es un experimento, una alegría, un despertar; es crecer, experimentar y aprender. Puede verlo en su rostro, sus ojos y sus acciones. Siempre está alegre buscando qué nuevo hay para hacer y descubrir. Vive la vida de aventura en aventura, de experimento en experimento. Para ella, cada día es un nuevo comienzo. Lamentablemente con la edad se va perdiendo esa cualidad indispensable para crear. Mientras se crece se piensa que ya se sabe todo o que ya todo se ha visto, y es en esos momentos cuando dejamos de sorprendernos y perdemos la capacidad de experimentar y crear.

El sistema educativo global generalmente no desarrolla ni estimula la curiosidad ni la habilidad de preguntar, intentar, errar y volver a tratar. Al niño en la escuela se le requiere perfección y, si falla, se le castiga con una mala calificación o hasta un tiempo de castigo por no saber. Se recalca que los maestros y los libros son los que saben y tienen la verdad absoluta de cómo se deben hacer las cosas, y que tienen las soluciones a los retos y problemas. Lo que ocurre en este nuevo orden económico y global es que el mundo gira más rápido que los libros, dejando obsoleto lo conocido y establecido como verdad, y cambiando constantemente las reglas de juego. Es imperativo para el fabricante creativo de hoy que aprenda a cuestionar, experimentar, errar y comenzar nuevamente. La mayoría de las grandes innovaciones del mundo se han dado en un contexto de errar y reintentar. Los innovadores simplemente ven lo que otros no ven y hacen lo que otros no se atreven a hacer.

Algunas de las características comunes y absolutamente necesarias de un fabricante innovador son:

1) Mantienen la mente abierta a posibilidades y nuevos caminos.
2) Intentan y buscan que cada día algo nuevo los sorprenda.
3) Se hacen preguntas constantemente.
4) Escriben cada día sus hallazgos y aprendizajes. Todos los grandes innovadores llevan bitácoras y notas de su proceso de aprender, crecer y cambiar.
5) Exhiben unas competencias comunes y necesarias. Estas son:
   • Pasión
   • Ejecución
   • Perseverancia
   • Valentía y coraje
   • Colaboración y aprendizaje
   • Capacidad de soñar y visualizar

Lo más importante como fabricante de éxito es que sepas que hoy innovar no es un lujo o una cualidad especial de algunos privilegiados. Varias tendencias globales hacen que el fabricante actual sea creativo e innovador más que por naturaleza, por supervivencia. Puedo identificar varios puntos que hacen que esta cualidad sea una necesidad. Por ejemplo:

1. Cada vez la competencia es mayor
Simplemente los consumidores actuales tienen más opciones y están totalmente conscientes de ello. Hoy existen dos tipos de

competencias para prácticamente cualquier industria. Competencia local y global. En cuanto a la local, un supermercado promedio presenta sobre 50 mil productos con sobre 80 variedades en productos para el cabello y sobre 70 alternativas en jabones. Esto sin contar las alternativas que emergen para prácticamente cualquier producto al ordenarlo vía Internet y recibirlo en el hogar.

Recuerdo claramente un cliente al que brindamos servicios de consultoría gerencial. Tenían un producto muy depurado, profesional y de gran calidad. Un día compartiendo con ellos en el lanzamiento de un nuevo producto al mercado, le pregunto a sus vendedores y equipo gerencial: ¿Cuál es su competencia? Recuerdo claramente como casi al unísono y con gran seguridad todos expresaron que "no tenían competencia". Expresaron que los participantes en el mercado que tenían productos similares eran muy inferiores al de ellos, por lo cual no los catalogaban como competencia. Quedé sorprendido ante la carencia de este equipo en reconocer que en el mundo de hoy la competencia llega de todos lados. Pasaron solo unos meses para que ocurriera lo inevitable. El producto y la empresa estaban fuera del mercado. Hoy en día siempre hay competencia, y eso hace que sea imperativo buscar cómo nos diferenciamos, pero...

2. **Cada vez es más difícil establecer un verdadero punto diferenciador**
    Anteriormente, solo con tener un gran producto podías diferenciarte de los demás competidores. Inclusive, con el tiempo, la tecnología, calidad total, garantía o servicio al cliente se utilizaban como puntos diferenciadores de marcas y empresas. Hoy en día, la globalización, la accesibilidad a la tecnología y las redes sociales hacen que cada día sea un reto lograr una diferencia palpable entre los productos, marcas e industrias. Esto en especial porque...

3. **Actualmente el cliente tiene acceso a mayor información**
    El Internet ha hecho que los clientes tengan acceso no solo a su marca, su mercado o su país. Hoy, con un simple toque del computador o desde su teléfono, usted puede comparar marcas,

precios, calidad, experiencias y reputación de cualquier producto. Hay clientes que creen que saben más que usted. Hay clientes que realmente saben más que usted. Esto ha causado que...

4. **El ciclo de vida de los productos se haya reducido grandemente**

   La vida útil, productiva y lucrativa de un producto disminuye progresivamente. Cuando estudiamos mercadeo básico se nos enseña que todo producto tiene un ciclo de vida similar. El mismo es definido con los siguientes pasos: creación del producto, introducción al mercado, penetración de mercado, maduración del mercado, estabilidad del producto, estancamiento, declinación y muerte del producto o reposicionamiento. Por años, los productos siguieron esta fórmula para predecir el ciclo de vida de un producto y su durabilidad en el mercado. Pero, nuevamente, la empresa Apple cambió lo establecido. En Apple el ciclo es el siguiente: creación del producto, introducción al mercado, penetración de mercado y reposicionamiento. Note cómo la empresa Apple no espera a que el producto madure, se estabilice y se estanque para presentar un nuevo modelo, una nueva funcionalidad o inclusive un nuevo producto. Es por ello que continúa dominando todas las industrias donde participa, porque constantemente se reposiciona y recrea.

   Todo lo anteriormente expuesto hace que para el fabricante de éxito de esta nueva década, la creatividad e innovación sean absolutamente necesarias y cruciales. Decida hoy que será creativo. Decida hoy que comenzará a innovar. Decida hoy que hará algo diferente para que su vida cambie. Todo fabricante de éxito lo hace. Siga la siguiente fórmula para desatar la creatividad en usted.

1. **Apague el "piloto automático"**

   Por naturaleza el ser humano crea hábitos, tendencias y rutinas. Decida que no hará las cosas por hacerlas. Sea un pensador activo. Eso lo llevará a...

2. **Vivir en la abundancia de ideas**

   Vaya a lugares abiertos a pensar. Diversifique sus experiencias.

Hable con gente que no conoce. Expóngase a la naturaleza y al arte. Juegue con las ideas. Atrévase a...

3. **Retar las reglas y los supuestos**

    Todos le dirán que no funcionará y usted se preguntará: ¿Y si funciona? Mientras otros digan "¿Y si no?", usted contestará "¿Y si sí?"

4. **Suponga que no existen barreras**

    Diseñe combinaciones no comunes. Aprenda a desarrollar el pensamiento analógico y conceptual, en lugar del pensamiento lógico y literal. Atrévase a intentar nuevas ideas y, sobre todo,...

5. **Láncese, atrévase y hágalo, ¡ya!**

El mundo necesita fabricantes que produzcan, que crean y que creen. Solo así podremos fabricar en grande. Sea un fabricante creativo e innovador. Lo necesitamos...

Cimientos de
FABRICACIÓN

1. El proceso de creatividad e innovación no está limitado a unos pocos ni cerrado a algunos genios.

2. El proceso de creatividad e innovación se puede estudiar, aprender y dominar.

3. La creatividad e innovación no está limitada a su capacidad mental, más bien a su capacidad de creer.

4. La pregunta que más desata el pensamiento creativo es: ¿Cómo puede esto ser mejor?

5. El proceso sistemático para crear es: asociar, observar, cuestionar, compartir y experimentar.

6. El proceso sistemático para innovar es: actuar, errar, rediseñar, ajustar y recomenzar.

7. Las competencias de todo fabricante innovador son: soñar, visualizar, pasión, perseverancia, valentía y coraje, colaboración y aprendizaje y ejecución.

Mapa de
CONSTRUCCIÓN

Responda las siguientes preguntas pensando en su trabajo, su hogar, sus finanzas, su familia, sus amigos y su negocio o empleo:

¿En qué áreas de mi vida he dejado de crear e innovar?

_____

_____

_____

_____

¿Qué me hizo aceptar el estado de complacencia y estabilidad?

_____

_____

_____

_____

¿Qué áreas sé que puedo lograr que sean eficientes y no solo efectivas? ¿Dónde puedo identificar una mejor manera de realizarlo?

_____

_____

_____

_____

¿Qué puntos puedo conectar de mi pasado que me capacitan para lograr innovar, crear y crecer en el presente?

_____

_____

_____

_____

Mapa de
CONSTRUCCIÓN

¿En cuál de los pasos del proceso creativo me tengo que enfocar primero y aprender a desarrollarlo? (Asociación, Cuestionamiento, Observación, Compartir o Experimentar)

_____

_____

_____

_____

¿Cuál de las cualidades del fabricante innovador debo enfatizar y comenzar? (Soñar y Visualizar, Pasión, Perseverancia, Coraje, Colaboración o Ejecución)

_____

_____

_____

_____

3ra parte
MANTENIMIENTO

El fabricante...

...nunca trabaja

...es extraordinario

...maximiza el poder de la lectura

...tiene mentores y es mentor

...reconoce la diferencia entre logro y éxito

Lo felicito... para este momento, usted ya ha adquirido las herramientas de desarrollo, y su fabrica ha comenzado a dar resultados. De esta manera, ha entrado en la dimensión a la que pocas personas llegan: la dimensión de la creación, fabricación y productividad. Una vez que ha aprendido a fabricar, no hay límites. La producción de la felicidad y la prosperidad está en sus manos. Y en todo proceso de fabricación hay un paso que es vital para lograr resultados permanentes y duraderos: *el mantenimiento.*

Como sabemos, debido a esa ley natural de la física que es la entropía, todas las cosas tienden naturalmente a deteriorarse. Por ello es esencial, una vez que se ha construido algo, cuidar de su mantenimiento para asegurar su permanencia, su durabilidad y su disfrute continuo.

En esta sección veremos cinco herramientas básicas que todo fabricante debe dominar, con el fin de asegurarse de que la fábrica que acaba de construir dure y ofrezca éxitos y logros permanentemente para usted y para sus seres queridos.

El fabricante,
nunca trabaja

A l leer este título usted habrá pensado: ¿Cómo? ¿Qué quiere decir con eso? ¡Pero si contradice todo lo expuesto anteriormente!

En el año 2003 asistí a una conferencia en el estado de Florida. Como fabricante permanente, siempre asisto a conferencias, seminarios y talleres que aporten a mi crecimiento personal y el de nuestra empresa. En esa ocasión, el conferencista principal era John C. Maxwell, conocido en el mundo empresarial como uno de los máximos exponentes en el área de liderazgo, trabajo en equipo y excelencia personal, así como por su sabiduría y habilidad como comunicador. Quienes asistimos a la conferencia aprendimos mucho, pero lo que más me impresionó fue el comentario de Maxwell que inspiró este capítulo:

El ser humano tiene dos días realmente importantes en su vida. El primero es el día que nace. El segundo es el día que sabe por qué nació. Y el día que sabe por qué nació será el último día que trabajará. De ahí en adelante su actividad será simplemente placer.

¡Qué profunda verdad! Los verdaderos fabricantes no trabajan, porque para ellos su actividad es un placer. Lamentablemente, a muchas personas se les pasa la vida entera y nunca encuentran ese segundo día. Se pasan toda la vida trabajando en áreas en las cuales no tienen interés ni deseo, o simplemente no tienen la destreza o habilidad. Para ser un fabricante en grande tiene que entregarse a lo que hace con energía y esfuerzo, pero tiene que hacerlo con pasión y energía.

Yo tuve el privilegio de estudiar computación y finanzas, y apenas terminé mis estudios comencé a trabajar en una empresa multinacional, Citibank. Mi primer cargo fue el de gerente de un centro de cómputos; una experiencia interesante para un joven de veinte años. Pero después de unos años me cansé de trabajar con computadores.

No podía verme el resto de la vida trabajando solamente con máquinas, así que entré en un programa de desarrollo ofrecido por la empresa y esto me llevó a trabajar en proyectos de productividad.

Los siguientes años me desempeñé con energía en diferentes proyectos y posiciones. Fue un proceso apasionante que me hacía levantar feliz cada día a trabajar. Pero luego de varios años de éxitos y logros, también me di cuenta de que no deseaba trabajar más con números. Entonces, Dios, en su infinita sabiduría, me expuso al mundo empresarial. Y así comencé el camino hacia el desarrollo personal y un programa de estudios continuos en el área de las relaciones humanas. En ese momento encontré mi verdadera pasión en la vida.

Después de trabajar con computadores y con números, me di cuenta de que lo que más me apasionaba era trabajar con las personas. A la edad de treinta años encontré mi razón de vivir y decidí que deseaba dedicarme el resto de mi vida al campo del desarrollo humano.

Pero esa decisión trajo consigo un sinnúmero de responsabilidades, pasos y metas. Como mencioné anteriormente, no se trata solamente de querer; se trata de querer y hacer. Así que cuando encuentre su verdadera pasión y razón de vida, asuma también la responsabilidad de estudiar para desarrollar sus habilidades al máximo y ser de utilidad para la sociedad. En mi caso, ha sido más de una década de desarrollo a través de estudios, lecturas, seminarios, talleres, videos y del intercambio de conocimiento con líderes mentores para crear lo que hoy es SC Enterprises.

El fabricante encuentra su razón de vivir, y paga con alegría el precio de desarrollarse en ese campo.

Nuestra empresa ofrece consultoría empresarial y dicta seminarios y talleres en los temas de *ventas, servicio al cliente, trabajo en equipo, liderazgo, cultura empresarial y desarrollo personal.* Hoy en día estamos más activos que nunca y no paramos de crecer. Continuamos leyendo, escribiendo e intercambiando información sobre nuestros temas. En fin, estamos fabricando.

Hoy tengo el placer de comenzar cada día, muy temprano en la mañana, con alegría y energía; con la sensación de estar en lo que llamo "la punta de salida en la carrera", listo para correr y sin parar de hacer lo que amo.

Cada año viajo dentro y fuera del país, y hago lo que más disfruto: impactar vidas positivamente y crear líderes para el nuevo milenio... crear fabricantes.

Ahora bien, todo el que me conoce me advierte que estoy trabajando muy duro y que me dedico a muchas actividades al mismo tiempo. Y es muy extraño lo que siento cuando alguien me pregunta en qué trabajo. Tengo que pensar para contestar, pues en verdad no considero "trabajo" lo que hago. Por tanto, mi respuesta es siempre: "Realmente no trabajo". Tengo el placer de forjar y ayudar a desarrollar seres humanos".

El fabricante no trabaja, sino que disfruta el proceso de fabricación.

Bill Gates, fundador de Microsoft, ha sido considerado por muchos años el hombre más rico del mundo. ¿Qué cree usted que lo mueve a levantarse cada día para producir? ¿La búsqueda de dinero? No creo. En un momento dado, su riqueza personal llegó a estimarse en cerca de cien billones de dólares. ¿La necesidad de poder? Seguro que no. Por su posición financiera y su influencia en los negocios, ha sido reconocido como una de las personas más poderosas del mundo. ¿La búsqueda de reconocimiento? Tampoco. Su nombre, su labor y su imagen han circulado por el mundo entero. ¿Qué mueve realmente a este hombre a levantarse todos los días a trabajar y crear? Definitivamente, el placer. Estoy convencido de que los fabricantes en grande como Bill Gates, son estimulados por el placer de hacer lo que les gusta. Su labor no es considerada trabajo, pues la disfrutan al máximo. Ellos han encontrado su razón de vivir.

**El fabricante es muy activo y lo estimula el placer
que le proporciona su actividad.**

Pero si todos deseamos ser felices y todos deseamos disfrutar nuestro trabajo, ¿por qué nos dejamos atrapar en una actividad que no nos hace sentir plenamente felices y, lo que es peor, una actividad que no nos llena emocional, intelectual ni financieramente? La mayoría de las personas pasan la vida cayendo en lo que yo llamo "la trampa de la carrera del ratón".

Estando en Europa fui a visitar a un familiar en Alcalá de Henares, España. Uno de los miembros del hogar de apenas cinco años, nos enseñó su mascota con el entusiasmo que caracteriza a un niño de su edad. Se trataba de un ratoncito casero que vivía en una bonita jaula de dos pisos muy espaciosa y cuidadosamente construida por su padre. Lo interesante es que al vernos, el pequeño roedor subió al segundo piso de su jaula y comenzó a correr sobre una rueda que giraba con el movimiento de sus patas. Corría y corría sin llegar a ningún lado, pero esa era su manera de demostrar su entusiasmo y agilidad.

Al salir de la casa, pensé en cuántas personas se pasan la vida entera como ese pequeño ratón. Corren y corren diariamente sin un motivo, una meta o un destino. Corren simplemente para demostrarles a los otros su energía, su agilidad, e incluso, su entusiasmo. Esa es la "carrera del ratón" y estoy convencido de que nadie desea pasarse la vida de esa manera. Pero, ¿por qué entonces el 95% de las personas cae en ella?

1. **Falta de opciones**

    Una de las quejas más frecuentes de los trabajadores en el siglo XXI es la falta de opciones y de oportunidades. Analicemos este hecho en detalle. Por una parte, algunos declaran que vivimos en la era empresarial que más oportunidades ha ofrecido. Por otra parte, millones de personas se quejan diariamente de no tener opciones, oportunidades, un camino claro o un futuro. Es **muy** frecuente escuchar que todo está mal y que vamos de mal en peor.

Estoy convencido de que hay opciones y oportunidades en abundancia, y que estamos viviendo en un mundo en el que las oportunidades surgen diariamente. De hecho, sabemos y afirmamos que en momentos de crisis las oportunidades abundan. Es toda una contradicción: hay oportunidades, pero nos quejamos de que no las hay. Yo, personalmente, llamo a esta contradicción "los gigantes de Nueva Zelanda". ¿Por qué? ¿Qué tiene que ver esto con el fabricante?

Como habrá notado, me encanta el deporte y disfrutar de todo lo que sea competencia. Así mismo, una de mis pasiones más grandes es aprender de la vida. Es maravilloso ver cada día como un día de aprendizaje, un día de experiencias, un día de sabiduría. Y al unir mi pasión por aprender y la atracción que siento por los deportes, nació el concepto de "los Gigantes de Nueva Zelanda".

Una noche estaba viendo la ronda decisiva del torneo mundial de baloncesto, en la que varios equipos se disputaban la entrada a la ronda de medallas. Puerto Rico había tenido un torneo de ensueño. Venía de ganarle a equipos muy buenos como Brasil y Yugoslavia, que resultó ser el campeón. Esa noche, Puerto Rico se enfrentaba a Nueva Zelanda y ambos equipos tenían el deseo y la sed de ganar. Sabían que una victoria esa noche los llevaría a una participación en la noche de medallas.

El juego no pudo ser mejor. En los segundos finales, el marcador difería sólo en un punto, a favor de Nueva Zelanda. A ocho segundos del final, Puerto Rico pidió tiempo para delinear su última jugada. ¿Se imagina los nervios y la adrenalina en ese momento? ¿Qué cree que pasaba por la mente de los jugadores? ¿Era éste un momento de crisis? ¿Qué oportunidades y opciones tenía Puerto Rico?

Existían muchas oportunidades para que el equipo de Puerto Rico calificara a la noche final. Primero, estaba jugando uno de sus mejores equipos nacionales. Segundo, gozaba de mucha seguridad, pues acaba de lograr importantes victorias ante equipos de nivel mundial. Tercero, contaba con el mejor tirador de tres puntos del torneo y un excelente armador para repartir juego.

En momentos de crisis, las oportunidades abundan.

¿Qué ocurrió entonces? Puerto Rico puso el balón a jugar y, como era de esperarse, cuatro jugadores de Nueva Zelanda salieron a la defensa. El jugador puertorriqueño era uno de los más pequeños, razón por la cual los jugadores de Nueva Zelanda parecían gigantes o murallas que tenía que derribar. Hagamos un análisis de este momento de crisis.

X - Jugadores de Nueva Zelanda
0 - Jugadores de Puerto Rico

Si cuatro jugadores cubren a un jugador de un equipo significa que hay por lo menos tres jugadores totalmente solos. Recuerde que en momentos de crisis las oportunidades abundan. ¿Qué ocurrió? El jugador sólo se enfocó en los cuatro gigantes. Los ocho segundos pasaron, el balón no llegó a otro jugador y Puerto Rico no calificó para la preciada noche de medallas.

¿Qué podemos aprender de esto? Que en la vida del fabricante hay momentos de crisis en los cuales los gigantes de la duda, la indisciplina, las distracciones, los temores, las burlas, la comodidad y el desenfoque no le dejan ver las oportunidades que abunda a su alrededor.

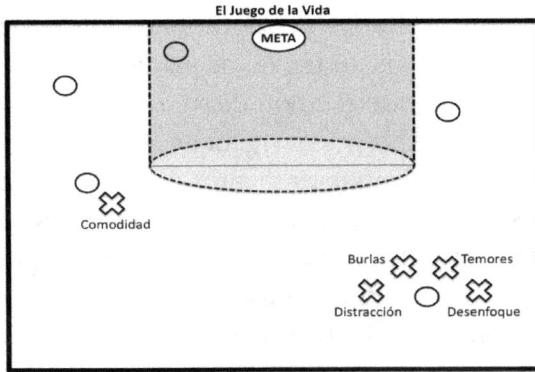

El Juego de la Vida

META

Comodidad

Burlas   Temores
Distracción   Desenfoque

X = Gigantes del fracaso
0 = Oportunidades y tu equipo de éxito

Recuerde que en esos momentos todo el mundo se concentrará en las objeciones e imposibilidades. Mientras eso ocurre, las oportunidades seguirán surgiendo y sólo las percibirán y aprovecharán aquellos pocos que se concentran en las soluciones. En ese momento, usted debe contar con sus aliados o compañeros de equipo en el camino hacia el éxito. ¿Quiénes son esos aliados? La visión, la planificación, la disciplina, el mentor y la acción.

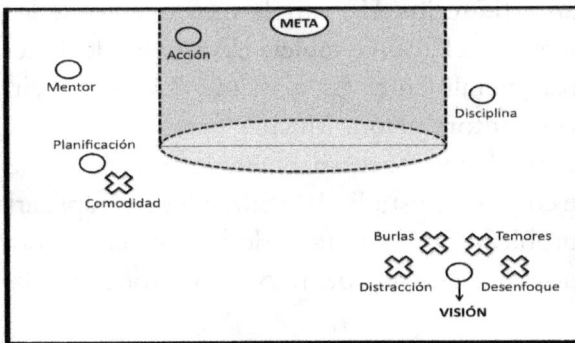

META

Acción
Mentor
Disciplina
Planificación
Comodidad

Burlas   Temores
Distracción   Desenfoque
VISIÓN

X = Gigantes del fracaso
0 = Oportunidades y tu equipo de éxito

Es muy probable que cuando usted vea claramente su pasión en la vida, los gigantes del fracaso intenten nublársela por medio de distracciones, burlas y temores que no le permitirán ver bien. También la comodidad tratará de mantenerlo en la inacción.

Por lo tanto, pase el balón de su meta a esa aliada suya que es la planificación. Ella se encargará de defenderlo eficazmente ante la comodidad, mientras su mentor, su disciplina y, sobre todo, su acción estarán prestos para recibir el balón y llevarlo hacia el éxito.

Además, usted cuenta con otros aliados que son parte del equipo y esperan en la banca de reserva para ayudarle cuando sea necesario. En la banca aguardan la fe, la dedicación, la concentración, la preparación y el trabajo duro. Con este equipo a su favor, definitivamente estará preparado para aprovechar las oportunidades que abundan a su alrededor.

Pero si las oportunidades existen hoy más que nunca, ¿por qué las personas no las ven y no las aprovechan? Eso nos lleva a la segunda razón.

2. Falta de información

La falta de información es una de las causas más frecuentes de la inacción. ¿Se trata de poco acceso a la información? No. Esta época ha sido llamada por muchos la "era de la información" al alcance de todos. Un simple movimiento de los dedos en un computador, teléfono o tableta electrónica, le da acceso al mundo entero... ¡literalmente! Es más, me atrevo a decir que tenemos exceso de información. Muchas personas se encuentran ante el reto diario de tener acceso a tanta información que no saben por dónde empezar a estudiarla, a entenderla y a aplicarla. Ahora bien, si el problema no es la falta de información, ¿por qué muchos continúan en la carrera del ratón? La respuesta es la tercera razón.

3. Exceso de comodidad

Como vimos en el capítulo anterior, vivimos en una época de comodidad sin par. El mundo actual está acostumbrado a que todo sea fácil e instantáneo. Si uno desea limpiar el automóvil, va al servicio del lavado rápido. Si los jóvenes tienen que aprender algo, leen el resumen, el bosquejo o las notas de otro.

Lamentablemente, el mundo nos ha llevado a que todo sea rápido, corto y fácil. Vivimos en lo que llamo "el mundo de lo inmediato", del "ahora o nunca", donde no se piensa en el futuro ni en las consecuencias. Simplemente lo que cuenta es la gratificación y la satisfacción inmediata.

No tengo nada en contra de la comodidad, por el contrario, sé que facilita el aprendizaje y el desarrollo. Pero estoy convencido de que hay aspectos en la vida, y en especial en el camino del éxito, en los que no es posible saltarse pasos. Hay que pasar por un proceso y pagar el precio. Una regla aceptada en la aritmética es que el camino más corto entre dos puntos es una línea recta. En el éxito, el camino más largo entre dos puntos es un atajo. No te puedes brincar el proceso.

Por lo tanto, lo invito a que salga de la comodidad rutinaria del sofá. Dedique tiempo a leer, a estudiar, a prepararse para esa actividad que siempre ha deseado y que usted sabe que será feliz al llevarla a cabo. ¡Vale la pena pararse y emprender la acción!

Una vez en una conferencia escuché a un orador decir lo siguiente: "De ocho de la mañana a cinco de la tarde te ganas la vida para sobrevivir; de cinco de la tarde a diez de la noche construirás las bases para vivir plenamente". Si deseamos esa felicidad y esa prosperidad plena, verdadera y, sobre todo, duradera, hay que pagar el precio. Hay que salir de la comodidad.

Ya sabemos que las oportunidades abundan, que tenemos acceso a información en abundancia y que es necesario salir de la comodidad y moverse. Entonces, ¿qué falta? La cuarta razón por la cual las personas no salen de la "carrera del ratón" es la...

4. Falta de objetivos claros

Uno de los relatos más famosos y leídos es el de *Alicia en el país de las maravillas* escrito por Charles Lutwidge Dodgson bajo el seudónimo de Lewis Carroll en 1864. En él hay muchas enseñanzas valiosas, una de las cuales me permito destacar con el conocido fragmento que cito a continuación:

El gato, cuando vio a Alicia, se limitó a sonreír. Parecía tener buen carácter, pero también tenía unas uñas muy largas y muchísimos dientes, de modo que sería mejor tratarlo con respeto.

—Minino de Cheshire— empezó Alicia tímidamente, pues no estaba del todo segura de si le gustaría este tratamiento, pero el gato no hizo mas que ensanchar su sonrisa, por lo que Alicia decidió que sí le gustaba. — Minino de Cheshire, ¿podrías decirme, por favor, qué camino debo seguir para salir de aquí?

—Esto depende en gran parte del sitio al que quieras llegar— dijo el gato

—No me importa mucho el sitio...— dijo Alicia.

—Entonces tampoco importa mucho el camino que tomes— dijo el gato.

—Bueno, siempre que llegue a alguna parte— añadió Alicia como explicación.

—Oh, siempre llegarás a alguna parte— aseguró el gato, —si caminas lo suficiente.

Si usted no sabe a dónde desea llegar, cualquier lugar le parecerá bueno. Muchas personas andan por la vida preguntándose cómo llegar, pero antes, pocas se han hecho una pregunta fundamental: ¿A dónde deseo llegar?

Hace muchos años se realizó un estudio en una universidad de Estados Unidos. Se evaluó, entre todos los estudiantes que terminarían sus estudios, cuántos de ellos tenían un detallado plan de vida, con objetivos precisos y con fechas. Sorpresivamente se encontró que sólo el 5% de los egresados tenía dicho plan. Lo habían escrito y planificado cuidadosamente, y estaban listos para ponerlo en práctica. El 95% restante se preparó con la educación correcta sólo para ver qué le depararía la vida. Veinte años después, el estudio continuó con una evaluación de la trayectoria de estos profesionales. Aquel 5% que se tomó tiempo para planificar, escribir y delinear objetivos claros y específicos, obtuvo un nivel de éxito muy superior al 95% que no planificó.

Es triste, pero la realidad es que muchas personas invierten más tiempo en la planificación de unas vacaciones o un paseo por el parque, que en la de su futuro, sus deseos, sus metas, sus objetivos y sus sueños anhelados. Todos sabemos que es importante soñar y planificar, pero definitivamente sólo una minoría lo hace. ¿Por qué? La respuesta es la quinta razón...

5. Presión social

"No sueñes muy alto que te puedes caer". "Sigue soñando que soñar no cuesta nada". "No sueñes con pajaritos volando". "Baja de esa nube". Hay miles de expresiones para tratar de evitar que las personas sueñen, planifiquen o piensen en sus propios deseos.

Pero realmente todo en la vida y todo lo que nos rodea es producto de un sueño. Todo lo que hemos logrado como seres humanos es producto de mucha visualización, planificación, preparación y acción. Aquél que no tiene sus propios sueños se pasará toda la vida trabajando para lograr los sueños de otros. Cuando alguien le diga que "soñar no cuesta nada", piense que "no soñar le costará la vida".

Uno de los soñadores y planificadores más grandes que he conocido es Dexter Yager. Este exitoso negociante, escritor y conferencista es el autor de citas tan conocidas como: "No permitas que nadie te robe tu sueño". Con su ejemplo y su vida, él puede afirmar que soñar vale la pena.

Originaria de un pequeño pueblo del estado de Nueva York, la familia Yager decidió que se permitiría soñar en grande. Muchas personas les dijeron que no valdría la pena, que ellos no podrían y que serían pobres toda la vida. Pero Dexter y su esposa Birdie decidieron creer en sí mismos y en sus sueños. Hoy en día, con una exitosa vida como empresarios, los Yager son reconocidos como una de las familias más ricas y exitosas del mundo. Son la prueba viviente de que cuando uno se atreve a soñar y no permite que nadie le robe su sueño, puede llegar a donde se ha propuesto.

Como mencioné anteriormente, habrá personas tóxicas que tratarán de robarle lo que usted anhela hacer y lograr, incluso pueden ser personas muy allegadas. Le aseguro que muchas de ellas no pretenden hacerle daño, sino que también están expuestas a presiones. La falta de información, de visión y de oportunidades las llevan a limitar sus posibilidades y, lo que es peor, las de sus allegados. Luchan con sus propios gigantes y se los transfieren inconscientemente a los demás. Esto nos lleva a la sexta y última razón por la cual las personas se mantienen en la "carrera del ratón".

6.   Falta de voluntad y disciplina

La voluntad se ha definido como "la intención o el deseo de hacer una labor". Estoy seguro de que todos deseamos y tenemos la intención de lograr una vida mejor, de ser felices en nuestras relaciones familiares, profesionales y personales. Doy por supuesto que todos deseamos tener mejores compañeros y amigos, y también una vida de abundancia. Entonces, ¿por qué no lo logramos?

La voluntad no es el reto. El verdadero reto es la disciplina para hacer que esa voluntad sea real. ¿Cuántas metas grandes y pequeñas nos proponemos, pero no las logramos por falta de disciplina?

Una de las frases más utilizadas es "si Dios quiere", pero en realidad sabemos que Dios sí quiere. En la Biblia, específicamente en Josué, Dios da una ordenanza orientada a la acción:

¿No te lo he ordenado yo? ¡Sé fuerte y valiente! No temas ni te acobardes, porque el Señor tu Dios estará contigo dondequiera que vayas. (Josué 1:9)

Dios quiere que seamos libres, felices y productivos, pero para ello requiere que actuemos y que tengamos voluntad y disciplina. Él nos dio el poder:

Dios no nos ha dado espíritu de cobardía, sino de poder, de amor y de dominio propio. (1 Timoteo 1:7)

La disciplina es el reto que todas las personas exitosas han asumido. Es ese dominio propio que les permite llegar a hacer lo que más desean y aman.

En su carrera de fabricación, estudie, analice y evite cada una de estas razones por las cuales las personas caen en la trampa de la "carrera del ratón". Libérese y busque su verdadera razón de vivir.

Es muy fácil identificar si está en la "carrera del ratón" o en la "aventura del éxito". Si el tiempo que invierte en su actividad actual pasa muy lento y pesadamente, está en la "carrera del ratón". Si, por el contrario, pasa de manera rápida, divertida y entusiasta, seguro que está en el camino de los fabricantes en grande, viviendo la aventura del éxito.

Si trabaja para una empresa, busque incansablemente ese motivo que lo hará levantarse alegre a producir cada día. Si tiene un negocio propio, nunca pierda el ánimo ni la visión de servicio a la comunidad, o aquello que lo motivó al comenzar. Si su matrimonio necesita renovarse, busque la pasión, la energía y la meta común que los unió en un principio. Si la relación con sus hijos requiere una renovación, recuerde, emociónese por esa maravillosa experiencia y responsabilidad de dejar un legado en este mundo. Si está delineando su camino hacia la libertad económica, identifique el área donde disfruta al máximo su labor.

Los fabricantes no trabajan, sino que disfrutan el camino en la aventura del éxito.

Cimientos de
CONSTRUCCIÓN

1. El ser humano tiene dos días importantes en su vida:
   - El día que nace
   - El día que sabe por qué nació

2. A partir del día en que sepa por qué nació, sentirá el placer de vivir.

3. Cuando encuentre su razón de vivir, pague el precio del éxito con alegría.

4. No trabaje. Disfrute el proceso de fabricación.

5. El placer de producir lo moverá a la actividad continua.

6. Existen dos tipos de actividades.
   - La aventura del éxito
   - La trampa de la "carrera del ratón"

7. ¿Por qué las personas caen en la trampa de "la carrera del ratón"?
   - Falta de opciones
   - Falta de información
   - Exceso de comodidad
   - Falta de objetivos claros
   - Presión social
   - Falta de voluntad y disciplina

8. Disfrute el camino en la aventura del éxito... ¡vale la pena!

Mapa de
CONSTRUCCIÓN

Responda las siguientes preguntas:

¿Cuál fue el motivo principal por el cual escogí mi trabajo actual?

_____
_____
_____
_____

¿Llena este trabajo mis expectativas como ser humano, espiritual y emocional?

_____
_____
_____
_____

¿Cumple este trabajo mis expectativas profesionales?

_____
_____
_____
_____

¿Qué patrones puedo identificar en mi vida para saber si estoy en la "carrera del ratón" o en la "aventura del éxito"?

_____
_____
_____
_____

Mapa de
CONSTRUCCIÓN

¿Qué cosas debo cambiar para salir de la "carrera del ratón"? Piense en su vida profesional, personal, afectiva y espiritual.

_____

_____

_____

_____

¿Qué actividades voy a comenzar hoy mismo para entrar en la aventura del éxito? Recuerde, todo comienza con usted.

_____

_____

_____

_____

El fabricante,
es extraordinario

Desde muy temprano en mi vida, he tenido el privilegio de entender el poder de los mentores. Habrá notado que varias veces he hecho alusión a su importancia para la realización de sueños, metas y logros. Mis primeros mentores fueron mis padres. Ambos se esmeraron por brindarme un ambiente de aprendizaje sano y continuo, y se esforzaron por despertar mi interés en múltiples áreas, tales como los deportes, la música, las actividades de cadetes militares, las actividades religiosas, en fin, trataron de ofrecerme una educación equilibrada.

Una de las destrezas que fomentaron en mí y que más disfruto hoy es la música. Gracias a la insistencia de mis padres, muchas veces en contra de mi voluntad, aprendí a tocar varios instrumentos y a leer partituras. Esto me ayudó no sólo a desenvolverme en el ámbito social y cristiano como director de bandas y agrupaciones musicales, sino que además desarrolló en mí la habilidad y la pasión por los números y las matemáticas. Pero, ¿qué tiene que ver lo uno con lo otro? Pues, en realidad, todo. La música es "el arte del bien combinar los sonidos y el tiempo". En ella, el tiempo se descifra mediante relaciones matemáticas y fracciones. Así que muy temprano en la vida aprendí que los números significan algo. De niño, los números y las matemáticas me ofrecían melodías; de adulto, aprendí que los números hablan y enseñan mucho.

Todas las estrategias de penetración de mercados, de expansión de productos, de ventas, de servicio al cliente y de negocios en general, se miden, se analizan y se expresan a través de tablas y números. Como fabricantes de queso, usted debe aprender qué dicen los números y cuánto enseñan acerca de la realidad de su negocio y su vida. Ya sea a través de gráficos con números de ventas, estados de ganancias y gastos, documentos con balances de cuentas, o simplemente las fechas y los horarios que comparte con su familia, todos los números significan algo.

Debido a esta pasión por los números y su significado, desarrollé el siguiente concepto basándome en una fórmula matemática. Al utilizar este concepto, puedo dividir a los fabricantes en dos grandes grupos: aquéllos a los que les gustan las matemáticas y los que no desean ver los números ni de lejos. Claro que no importa si usted pertenece al grupo de los "numeroadictos" o al de los "numerofóbicos" (aquéllos que en clase de álgebra se escondían para que no les preguntaran), de todas maneras, este capítulo le ayudará a entenderse mejor a sí mismo y a los demás, así como a dar lo mejor de usted en las relaciones y también en las decisiones que tome.

El fabricante indaga, busca, escudriña y aprende.

Comenzaré haciendo una pregunta basada en una operación numérica muy básica, pero muy importante para el desarrollo de esta habilidad:

¿Cuánto es 1 + 1?

Muy sencillo, ¿verdad? Cuando hago esta pregunta en mis seminarios, las caras de los asistentes se tornan entre sorprendidas y aliviadas. Los "numeroadictos" se sorprenden por lo simple de la pregunta y los "numerofóbicos" se alivian porque saben cuál es la respuesta. Casi al unísono, responden: ¡Dos! Pero luego les pregunto: "¿Están seguros?" Y todos se mantienen firmes en la respuesta. De hecho, muchos recuerdan el nombre de la maestra que les enseñó a sumar en la escuela primaria. Están totalmente convencidos de que, en términos numéricos,

$$1 + 1 = 2$$

Una de mis labores como facilitador y consultor corporativo es retar lo aprendido y cuestionar los paradigmas para así desarrollar nuevas habilidades, técnicas y herramientas que forjen líderes fabricantes. Por esta razón, reto al grupo y digo que, matemáticamente hablando.

$$1 + 1 = 1$$

En ese momento, tanto los "numerofóbicos" como "numeroadictos" están bastante confundidos. Pasados unos segundos comienzan a desafiarme, asegurando que, en términos numéricos, el resultado es 2 y no 1, y que si nos regimos por las leyes de las matemáticas puras, el resultado siempre será 2. Después, para retarlos un poco más, procedo a informarles que si aplicamos las reglas básicas de matemáticas, también podemos decir que

$$1 + 1 = 3$$

Para entonces hay que ver lo que ocurre en el salón de conferencias. Tal vez lo mismo que le está sucediendo a usted en este momento. Los "numeroadictos" se molestan porque aseguran que el único resultado posible para una operación tan sencilla es 2, mientras que los "numerofóbicos", totalmente confundidos, esperan que alguien se lo explique. Ahora voy a demostrar que, en términos numéricos, los tres resultados son correctos, y qué importancia tiene este juego matemático para nuestro desarrollo como fabricantes.

Si aplicamos las reglas matemáticas básicas, un número cuya fracción es mayor que 0,5 se "redondea" al próximo entero. Por el contrario, si la fracción del número es menor que 0,5 entonces se queda en el entero que la contiene. Aceptada esta regla, veamos la siguiente operación:

$$0{,}6 + 0{,}6 = 1{,}2$$

Al aplicar la regla matemática del "redondeo", la operación se convierte en la siguiente:

$$1 + 1 = 1$$
$$\uparrow \quad \uparrow \quad \uparrow$$
$$0{,}6 + 0{,}6 = 1{,}2$$

De esta manera, 1 + 1 puede ser igual a 1, pues 0,6 se redondea a 1 y 1,2 también se redondea a 1. Por el contrario, si le aplicamos la regla del "redondeo" a un número entero, no tendremos duda de que:

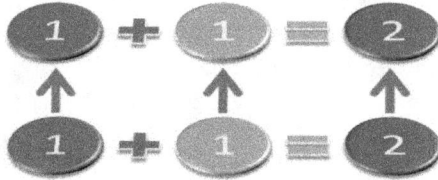

$$1 + 1 = 2$$
$$\uparrow \quad \uparrow \quad \uparrow$$
$$1 + 1 = 2$$

Profundicemos un poco más en este análisis con la siguiente operación:

$$1,4 + 1,4 = 2,8$$

En este caso, 1,4 se redondea a 1, y 2,8 se redondea a 3. La operación quedaría entonces, de la siguiente manera:

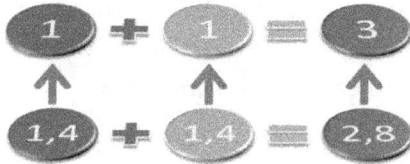

$$1 + 1 = 3$$
$$\uparrow \quad \uparrow \quad \uparrow$$
$$1,4 + 1,4 = 2,8$$

Para este momento, los "numerofóbicos" deben estar ya cansados, y los "numeroadictos" seguirán tratando de aplicar la regla y "buscándole las cinco patas al gato". Ahora veamos qué tiene que ver todo esto con la vida del fabricante.

Lo que 1 + 1 representa es su unión constante con otra persona para alcanzar un resultado. El primer número 1 lo representa a usted, y el otro número 1 representa a esa otra persona o entidad con la cual usted interactúa. Podría tratarse de usted y su corporación, usted y sus compañeros de trabajo, usted y su pareja, usted y su padre, usted y su hijo, etcétera. Es la unión que se da constantemente mientras usted se comunica o está con otras personas. Lo importante es que esa unión se puede dar de tres maneras. Veamos el diagrama completo:

DEPENDENCIA

$$1 + 1 = 1$$

$$0,6 + 0,6 = 1,2$$

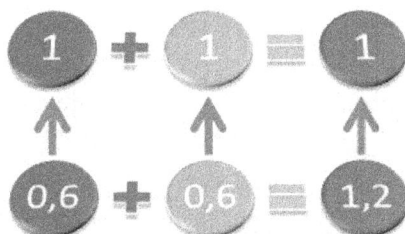

INDEPENDENCIA

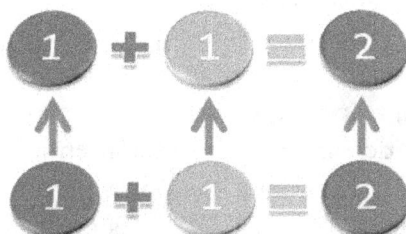

$$1 + 1 = 2$$

$$1 + 1 = 2$$

INTERDEPENDENCIA

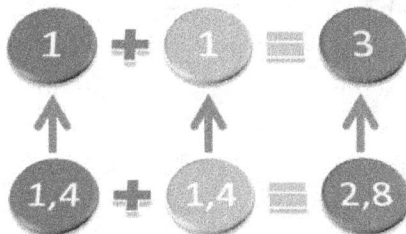

$$1 + 1 = 3$$

$$1,4 + 1,4 = 2,8$$

La primera es una relación de dependencia. En ella, cada entidad o persona está dando el 0,6 de sí misma. Si lo analizamos, 0,6 parece suficiente y aparenta ser 1, pero en realidad se está dando el mínimo.

Tal es el aporte clásico de los comelones: dan lo mínimo posible, pero aparentan dar lo que se les pide. Llegan unos minutos tarde al trabajo, leen el periódico en horas laborables e inician y sostienen conversaciones que no tiene nada que ver con el trabajo. Simplemente dan el mínimo (0,6) para aparentar que están dando un 1.

Esto también ocurre en las relaciones familiares y matrimoniales o entre amigos. Hay quienes dan el mínimo posible de sí mismos, pero aparentan que están cumpliendo su labor. Llegan tarde a las citas, no comparten y no brindan el tiempo requerido para producir.

Siempre que esa relación sea de dependencia con alguien que da el mínimo y espera que el otro propicie la entrega verdadera, el resultado obtenido estará por debajo de lo esperado. Nadie esperaría que 1 + 1 fuera igual a 1. Pero cuando se da el mínimo, o sea el 0,6, el resultado será simplemente 1.

La segunda relación es la de independencia, en la que cada entidad o persona da justa o solamente lo que se espera de ella o lo que se le pide. En el trabajo, cumple estrictamente funciones de su puesto; si tiene un negocio propio, cumple con darle al cliente justo aquello por lo que pagó; en la relación familiar, cumple con el horario acordado, responde por sus obligaciones, pero da únicamente lo que se espera de ella. Es una relación en la que una parte dice: "Yo hago justamente hasta aquí" y la otra parte reacciona diciendo: "Pues yo también haré sólo hasta acá". Es una relación de pura independencia. Esto no quiere decir que sea mala, sino que simplemente sus resultados se mantienen dentro del promedio. ¿A cuántos les sorprendió que 1 + 1 fuera igual a 2? A nadie, pues es lo esperado.

La relación mágica, realmente, es la tercera, y es la que los fabricantes debemos establecer. Es la relación de interdependencia, pues como seres gregarios que somos, debemos reconocer que necesitamos y dependemos los unos de los otros, pero sólo es posible interrelacionarnos en el proceso de dar y recibir. En esta relación, cada quien está dispuesto a dar el 1,4 de sí mismo, ese poquito extra, esa milla adicional que hace la diferencia.

Hace varios años tuve la dicha de trabajar con Bernardo Rojas quien era entonces mi supervisor. Bernardo dirigía un equipo de cientos de personas y su alta posición como Vicepresidente Ejecutivo de la empresa le imponía muchas responsabilidades. Una de sus características era que no se comportaba simplemente como el jefe, sino que actuaba como un trabajador igual a todos los demás.

Bernardo no decía: "¡Hagan!", sino: "¡Hagamos!". No repartía trabajo sin asegurarse de hacer parte del mismo. De hecho, muchas veces hacía más de lo que se le exigía. Bernardo logró tener un equipo en el que dar más de lo pedido hacía la verdadera diferencia. Todos nos esmerábamos por entregarle no sólo lo que pedía, sino mucho más, pues él mismo propició el proceso de dar un poco más de sí (1,4) con su ejemplo.

A Jack Welch, CEO de General Electric y uno de los ejecutivos más respetados en las empresas multinacionales, le preguntaron en cierta ocasión: "¿Qué recomendación daría usted a alguien que está comenzando en la escalera corporativa?" Su respuesta fue muy sencilla:

Cuando el jefe te pida algo, no le des solamente lo que te pidió, asegúrate de darle algo más: alguna solución adicional, alguna alternativa extra, algún punto de vista nuevo. Eso hará que tu aporte a la empresa sea notable y que subas en la escalera corporativa hacia el éxito.

¿Cómo logramos que 1 + 1 sea igual a 3? Simplemente cuando aportamos, cada uno de nosotros, un poquito más (1,4).

El fabricante sabe que 1 + 1 puede ser igual a 1, 2 ó 3. Realmente depende de él.

Pero el lector debe estar pensando: "Lo que ocurre es que usted no conoce a mi jefe, ni a mi pareja, ni a mi empresa. Ellos no dan, no aportan". Cuidado, amigo fabricante, con caer en la trampa de la dependencia o la independencia. Trabaje diariamente para estar en el nivel de interdependencia.

Si quiere que su matrimonio, su relación con sus hijos, sus relaciones laborales o cualquier otra interacción sea diariamente de 1 + 1 = 3, simplemente debe estar dispuesto a dar un poquito más. Pues una persona extraordinaria es, sencillamente, alguien ordinario que está dispuesto a dar... un poquito más.

El fabricante es extraordinario, pues siempre está dispuesto a dar un poquito más.

Cimientos de
FABRICACIÓN

1. Cree el hábito de indagar, buscar, escudriñar y aprender.

2. Reconozca que los números hablan. Aprenda a interpretarlos y entenderlos.

3. Nivel de dependencia: $1 + 1 = 1$
   En este nivel están los comelones, quienes dan el mínimo y producen resultados por debajo de lo esperado.

4. Nivel de independencia: $1 + 1 = 2$
   En este nivel están las personas que dan sólo lo que se espera de ellas y producen resultados promedio.

5. Nivel de interdependencia: $1 + 1 = 3$
   En este nivel actúan los fabricantes, quienes entregan la "milla extra" con la que producen resultados por encima de lo esperado.

6. El resultado de $1 + 1$ dependerá sólo de usted. Haga que sea igual a 3.

7. Una persona extraordinaria es alguien ordinario que da un poquito más.

Mapa de
CONSTRUCCIÓN

Anote, con nombres propios, todas las relaciones que sostiene a diario, por ejemplo, usted y su pareja, usted y su jefe, usted y su empresa, usted y sus compañeros, usted y su iglesia, etcétera. Luego, clasifíquelos por grupos y responda las siguientes preguntas:

¿Qué relación mantengo en un nivel de dependencia $(1 + 1 = 1)$?

_____

_____

_____

_____

¿Qué relación mantengo en un nivel de independencia $(1 + 1 = 2)$?

_____

_____

_____

¿Qué relación mantengo en un nivel de interdependencia $(1 + 1 = 3)$?

_____

_____

_____

¿Qué planes de acción adicionales puedo realizar para lograr que todas mis relaciones sean de interdependencia? Fije una fecha.

_____

_____

_____

Mapa de
CONSTRUCCIÓN

¿Qué hábitos, herramientas o destrezas tengo que adquirir para mejorar mis relaciones con la familia, la empresa y los amigos?

_____

_____

_____

_____

¿De quién depende el resultado de la relación 1 + 1?

_____

_____

_____

_____

CAPÍTULO

14

El fabricante,
maximiza el poder de la lectura

Con frecuencia, al terminar mis talleres e intervenciones corporativas y públicas, es común que alguien se me acerque y comente: "Yo quiero hacer lo que tu haces". Mi respuesta a esto siempre es: "Para hacer lo que yo hago, tienes que hacer lo que yo hago". Normalmente, ante esta respuesta, me miran extrañados por el juego de palabras, y procedo a explicarlo. Si deseas hacer lo que hacemos, hay que pagar un precio. El mismo será muchas horas de estudio diario, muchos seminarios, conferencias que tomar y, sobre todo, muchos libros por leer.

Uno de los beneficios principales de la lectura es que nos saca de nuestra caja mental y nos permite ver más allá de nuestras limitaciones. Nos abre la mente a nuevos horizontes, alternativas y nuevas soluciones. En pocas palabras, al leer, nos expandimos.

Uno de los libros más leídos en el campo del desarrollo de negocios y actitudes para el éxito es *"Piense y hágase rico"*, de Napoleón Hill, quien expone los principios básicos que él mismo aprendió directamente de los industriales estadounidenses más grandes de su época. En 1998, Burke Hedges se inspiró en ese libro y escribió otro libro titulado: *"Lea y hágase rico"*. En el mismo expresa claramente cómo la lectura enriquece el intelecto, el alma y el bolsillo. Según Hedges, la lectura da poder y fuerza para crecer en todos los aspectos de la vida: económico, afectivo, profesional, físico y espiritual. Si pudiera resumir su libro en una sola frase, diría lo siguiente: "La lectura simplemente nos enriquece".

Tenemos la dicha de vivir en una época en la que la información está disponible para todos. Las librerías pasaron de ser pequeñas tiendas de pueblo para convertirse en grandes locales en los centros comerciales. Hay un caudal incalculable de información disponible, tanto en los libros como en el Internet.

Amazon, una de las tiendas que más vende por Internet, se especializa en el movimiento de libros. Este modelo de negocio es considerado como uno de los más exitosos en lo que se refiere a ventas en línea. Anualmente se publican miles y miles de libros sobre todo tipo de temas, y esto implica todo un cúmulo de información que está disponible con sólo agregar un pequeño hábito en el diario vivir: ¡leer!

El fabricante es un gran lector...
...porque entiende los beneficios de la lectura.

Los beneficios de la lectura son múltiples. Algunos de éstos son:

1. **La lectura expande su mundo**
   ¿Se puede imaginar un mundo sin lectura y sin escritura? En un mundo en el que no hay libros, ni periódicos, ni revistas, no habría papel, ni lápices; no habría empresas, ni contratos, ni leyes, ni correo; no habría películas, ni televisión; no habría diseños, ni edificios, ni automóviles; no habría bancos, ni chequeras, ni dinero; no habría mapas, ni calendarios, ni escuelas; tampoco habría computadores... En fin, un mundo sin escritura y sin lectura sería como el mundo prehistórico. Por ello, me atrevo a decir que la lectura es la habilidad más importante entre las que debe desarrollar el fabricante.

2. **La lectura suprime los límites**
   ¿Qué nivel de éxito se puede esperar de una persona cuyo nivel de educación formal es de menos de un año?
   Nació en un pequeño hogar en Kentucky. Su madre no sabía escribir y su padre podía escribir solamente su nombre. Este joven aprendió el abecedario a los siete años de edad y después practicó la lectura al leerle la Biblia a su madre. Durante su adolescencia comenzó su fascinación por los libros que pedía prestados a todos sus vecinos. Leía siempre que tenía un tiempo disponible. Mientras los demás jóvenes jugaban, él se sentaba a leer un libro bajo un árbol; de camino al trabajo, leía; mientras los demás tomaban la siesta, él leía, y no se acostaba si no tenía un libro en la mano.

Al crecer, se mudó a un pequeño pueblo donde conoció a dos médicos, unos ávidos lectores que compartieron con él sus colecciones de libros. Ocupó todo su tiempo libre leyendo sobre filosofía, religión, literatura, ciencia, derecho y política. Y aunque sólo tuvo acceso a un nivel de educación formal de primer grado, Abraham Lincoln recibió a los 28 años la certificación para ejercer como abogado en el estado de Illinois. El resto es historia.

Ahora repetiré la pregunta: ¿Qué nivel de éxito se puede esperar de una persona cuyo nivel de educación formal es de menos de un año? Esta persona se puede convertir en el presidente número dieciséis de los Estados Unidos. Definitivamente, leer suprime los límites.

3. La lectura ejercita el músculo del cerebro

Podríamos decir que leer logra en el cerebro lo que el ejercicio en el cuerpo: ¡desarrollarlo! El cerebro funciona como un músculo que se fortalece mediante el ejercicio. Leer obliga al cerebro a enfocar y a las neuronas, a crear asociaciones de información.

Cuanto más utilice el cerebro y más lo ejercite, más apto estará en el momento en que lo necesite para analizar y producir. Leer es una de las actividades que más estimula el cerebro. Si usted desea aumentar su agilidad mental, su memoria y su productividad, ¡lea!

4. Al leer, es posible entrar en la mente de otra persona

Un día, mientras estaba escribiendo este libro, me encontré con un buen amigo que hacía tiempo no veía, Silverio Pérez, quien ha escrito varios libros sobre desarrollo humano, siendo el más conocido Humortivación. Nos saludamos con mucho cariño y, al conversar acerca de nuestros respectivos proyectos, nos dimos cuenta de que ambos estábamos trabajando en libros sobre el potencial humano y el desarrollo del poder mental.

Al verlo, pensé en lo impresionante que es el mundo de la lectura. Lo imaginé en su casa o en su oficina depositando todos sus estudios, sus experiencias y su sabiduría en el papel, para que después otra persona los lea y los ingrese en su mente.

En la película ¿En qué piensan las mujeres? ("What Women Want"), el protagonista, interpretado por Mel Gibson, sufre un accidente tras el cual puede escuchar la mente de las mujeres. Todos sabemos que el hecho de poder entrar en la mente de otra persona es una fantasía, pero esa transferencia de información de mente a mente realmente ocurre por medio de la lectura. Cuando lees, el autor está compartiendo contigo sus pensamientos, ideas e información de mente a mente.

5. **Leer alimenta y programa directamente las neuronas**

Leer es un proceso complejo que requiere de múltiples destrezas como la voz interna (recuerde el capítulo anterior "El fabricante cuida su lenguaje interno"). Cuando usted lee, hay una voz interna que le habla a las neuronas (sus "enanos"). Si usted lee una carta de su madre, la lee con la voz de ella, y lo mismo sucede al leer algo escrito por personas conocidas. Pero cuando uno lee un libro y no conoce el autor, ni su tono de voz, utiliza su "frecuencia vibracional resonante" que, como recordará, es la que programa a sus "enanos". Por lo tanto, al leer un libro usted se está programando directamente.

Y esto me obliga a decirle: ¡Cuidado con lo que lee! Asegúrese de que sea algo que lo programe para poder realizar sus objetivos y alcanzar sus metas, y no algo que lo distraiga o lo aleje de ellas.

6. Si lee, nunca estará solo

Hace muchos años había un anuncio de televisión de una iglesia local que comenzaba con la siguiente frase: "La soledad duele". Uno de los problemas más frecuentes es la soledad que pueden llegar a sentir las personas. Aun en una ciudad sobrepoblada hay quienes reflejan un profundo sentimiento de soledad. Cualquiera de estas personas podría encontrar un acompañante continuo en un libro. Sólo tiene que ir a la biblioteca más cercana y buscar un libro del tema de su predilección. Solo tiene que oprimir algunas teclas de su computador, tableta electrónica o teléfono e inmediatamente tendrá a su disposición miles de títulos para su disfrute y crecimiento. De esta manera comenzará un diálogo interno que no sólo disipará su sensación de soledad, sino que además llenará su intelecto y su alma.

El actor Denzel Washington ganó un Globo de Oro por su excelente actuación en la película Huracán, una historia de la vida real en la que caracteriza al inolvidable boxeador Rubin "Hurricane" Carter. Después de ser injustamente acusado de un crimen, tuvo que cumplir una condena durante dos décadas. La cárcel es quizá uno de los lugares donde un ser humano siente más profundamente la soledad y, para combatirla, este boxeador mantuvo su mente activa escribiendo un libro sobre su vida. Este libro desencadenaría toda una serie de eventos que tuvieron como resultado su excarcelación y la conquista de su libertad.

En ocasiones, no hay mejor acompañante que un buen libro. Y como podemos ver en esta historia, un libro no sólo acompaña, sino que libera.

7. Leer trae éxito

Nacida de una madre soltera en la ciudad de Mississippi, esta niña quedó al cuidado de su abuela, una mujer sin educación y extremadamente pobre. A los seis años fue enviada a vivir con su padre y su madrastra en Nashville, Tennessee, y allí comenzó a desarrollar su pasión por los libros. En su juventud le restringieron el horario para ver televisión y, por ello, concentró toda su atención en los libros como forma de entretenimiento. Cuando estaba triste, leía; cuando deseaba compañía, leía; cuando necesitaba consuelo, leía.

Actualmente es reconocida como la mujer afroamericana más exitosa y rica, según aparece en el prestigioso listado de millonarios de la revista "Forbes". Estoy hablando de Oprah Winfrey, la archifamosa presentadora de programas de televisión y exitosa empresaria. Además de haber alcanzado el éxito personal a través de la lectura, Oprah pone toda su energía en fomentar este gran hábito, pues, como ha expresado con frecuencia, su objetivo es "lograr que todo el mundo vuelva a leer". Incluso ha formado una asociación de lectores llamada "Leer es fundamental". Hoy, más de veinte millones de televidentes ven diariamente sus programas.

Usted podría preguntarse por qué una empresaria que está en el listado de las mujeres más ricas del mundo busca, deliberadamente, tiempo para leer. La razón es muy sencilla: ella sabe que el éxito está en la lectura y que leer la enriquece.

Después de ver y entender todos los beneficios de la lectura, es lamentable saber que casi el 50 por ciento de las personas que terminan sus estudios secundarios nunca vuelven a leer un libro, y apenas un 3 por ciento se considera como "lectores permanentes". Sin embargo, el 100 por ciento de los verdaderos fabricantes son lectores frecuentes.

Hace unos años aprendí un secreto basado en una fórmula matemática que llamaremos "el factor 97-3". Esta fórmula expresa que el 97 por ciento de las personas desea lo que el 3 por ciento tiene. Ese 3 por ciento representa libertad, tranquilidad, seguridad y una vida placentera, libre de presiones económicas y con felicidad plena. Todos sabemos que el 97 por ciento de las personas desea ese estilo de vida, pero la gran paradoja es que éstas se asesoran entre ellas mismas en lugar de hacerlo con el 3 por ciento que sí tiene éxito.

En el próximo capítulo hablaré del poder de los mentores y de su importancia en su proceso de convertirse en un verdadero fabricante. Pero, por el momento, lo más importante es que sepa que muchas de las personas que están en el codiciado 3 por ciento están dispuestas y prestas a compartir con usted su fórmula de éxito. De hecho, muchas de ellas ya lo han hecho mediante sus libros.

**El fabricante entiende que la solución está disponible en los libros.
Sólo tiene que encontrarla, entenderla y aplicarla.**

Hay programas de lectores frecuentes a los que usted puede asociarse y recibir mensualmente libros del área de interés que escoja. Otro recurso excelente son los audiolibros, muchos de ellos leídos por el mismo autor, disponibles en CD y formatos electrónicos. Durante los pasados 18 años he estado suscrito a múltiples programas mensuales, los cuales envían libros y audios con información orientada al desarrollo personal. Los audiolibros son una manera de aprovechar el tiempo al máximo, pues mientras usted conduce, hace ejercicios o realiza tareas en el hogar puede estar escuchando muy buena información para su desarrollo como fabricante. En la actualidad nuestra oficina y empresa mantiene un programa de desarrollo virtual que le puede apoyar en su desarrollo como fabricante, empresario y líder. El mismo brinda educación continua con la cual hemos apoyado a miles de personas a alcanzar nuevos éxitos. Para información puede escribir a rosemary@samuelclavell.com y solicite información sobre el programa de desarrollo mensual de liderazgo de alto impacto.

Por otra parte, con la proliferación de herramientas electrónicas se ha introducido la modalidad de los libros electrónicos o e-books, que pueden ser leídos en agendas personales, computadores, iPads y demás aparatos electrónicos. Hace años, cuando viajaba, siempre incluía varios libros en el equipaje lo cual aumentaba dramáticamente su peso. En la actualidad viajo con mi iPad (tableta electrónica) la cual guarda cientos de libros disponibles en todo momento y fácilmente. El mundo facilita la lectura cada día más.

A continuación, citaré lo que han expresado algunos grandes fabricantes sobre el hábito de la lectura. Al final del libro le recomendaré algunas lecturas y autores, así como las biografías que todo buen fabricante debe leer.

"No puedo vivir sin libros".
- Thomas Jefferson, tercer presidente de los Estados Unidos.

"No todo lector es líder, pero todo líder es un lector".
- Harry Truman, ex presidente de los Estados Unidos.
"El hombre que no lee buenos libros no tiene ninguna ventaja sobre el hombre que no puede leerlos".
- Mark Twain, escritor.

"Emplee su tiempo en desarrollarse a través de los escritos de otras personas de manera tal que obtenga fácilmente lo que significó para ellos años de trabajo arduo".
- Sócrates, filósofo.

"Al invertir en la lectura se obtienen los mejores intereses".
- Benjamin Franklin, filósofo, político y científico.

"Una gota de tinta puede causar un millón de pensamientos".
- Lord Byron, poeta.

"El programa de lectura de una persona debería planificarse con tanto cuidado como su alimentación diaria, ya que se trata también de alimento sin el cual la persona no puede crecer mentalmente."
- Andrew Carnegie, reconocido empresario estadounidense.

Al terminar de escribir este capítulo, estoy con la familia en un hotel de la ciudad de Nueva York. Acabamos de asistir al musical El Rey León en Broadway. ¡Cuánta belleza, cuánta imaginación y cuánta destreza! Al salir, caminamos un poco por las calles de "la ciudad que nunca duerme", y comimos en un excelente restaurante en Times Square. Ahora que nos disponemos a descansar, pienso en todas las bendiciones que Dios nos ha dado y en lo bueno que ha sido con nosotros. Sólo en este último año, he tenido la dicha de trabajar con miles de personas y brindarles esperanza y herramientas para lograr sus metas. También hemos viajado por Latinoamérica, Estados Unidos y Europa. Entonces me vienen a la mente todas las ocasiones en que alguien nos pregunta cómo hemos logrado tantas bendiciones y tanto éxito. Y estoy totalmente convencido de que nuestro desarrollo profesional y nuestro éxito se debe a los cientos de libros que hemos leído en el transcurso de los últimos veinte años.

De niño, afortunadamente, mis padres me inculcaron el amor por la lectura. Como todo adolescente, hice a un lado el hábito de la lectura y lo cambié por juegos y deportes, pero hacia los veinte años retomé esta pasión. En aquel momento comencé a leer entre quince y treinta minutos al día. Leía libros sobre negocios, relaciones humanas y cristianismo. Mi pasión por la lectura ha ido creciendo y en la actualidad, leo entre ocho y diez libros mensuales, en adición a varias revistas sobre diversos temas como salud, economía y familia.

¿Cómo lograr leer tanto? Teniendo en cuenta que Dios nos regala 1.440 minutos diarios, y que los minutos que se pierden no son renovables, trato de aprovechar cada uno de ellos para leer. Por eso ando siempre con un libro, pues estoy totalmente convencido de que si hoy soy un fabricante, es debido a mi pasión por la lectura.

Leer lleva a los fabricantes a vivir una vida de excelencia, opciones y felicidad.

Cimientos de
FABRICACIÓN

1. Leer lo sacará de su caja mental.

2. Conviértase en un gran lector y reconozca los beneficios de la lectura:
   - Expande su mundo
   - Suprime los límites
   - Ejercita el músculo del cerebro
   - Permite entrar en la mente de otra persona
   - Alimenta y programa directamente las neuronas
   - No permitirá que se sienta solo
   - Trae éxito

3. La solución está en los libros. Búsquela, entiéndala y aplíquela.

4. Hay tres opciones para acceder a la lectura:
   - Libros escritos
   - Audiolibros (en discos compactos o formatos electrónicos)
   - Libros electrónicos (e-books)

5. Leer le dará una vida de excelencia, opciones, felicidad y libertad.

Mapa de
CONSTRUCCIÓN

¿Sobre qué temas me interesa leer y dónde puedo adquirir los libros?

_____

_____

_____

_____

¿En qué áreas me gustaría desarrollarme profesional, espiritual y personalmente?

_____

_____

_____

_____

¿Qué libros he leído en los últimos seis meses?

_____

_____

_____

_____

¿Qué libros estoy leyendo actualmente?

_____

_____

_____

_____

¿A qué revistas estoy suscrito? ¿Contribuyen éstas a mi desarrollo?

_____

_____

_____

_____

Mapa de
CONSTRUCCIÓN

¿A qué programa de audiolibros estoy suscrito?

_____

_____

_____

_____

¿Cuántos libros me comprometo a leer en los próximos seis meses? Anote los títulos.

_____

_____

_____

_____

El fabricante,
tiene mentores y es mentor

Hay personas a las que les gusta mucho las adivinanzas, pues las retan a pensar e indagar dentro de sí mismas. Aquí va una entonces: ¿qué tienen en común Michael Jordan, Shaquille O'Neal y Kobe Bryant?

Posiblemente, la primera respuesta que le vino a la mente es que son jugadores estrellas de la Asociación Nacional de Baloncesto de Estados Unidos (NBA, por sus siglas en inglés). Muy bien, pero pensemos, ¿qué más? Otra respuesta correcta es que todos pueden enseñar el preciado anillo de campeón de la NBA. ¡Correcto! ¿Y qué más?

Si pensamos un poco más, nos daremos cuenta de que hay una persona que los une: el señor Phill Jackson... ¡correcto! Estas tres superestrellas del deporte, considerados por muchos como los mejores representantes del baloncesto, tuvieron como mentor a Phill Jackson. De hecho, fueron campeones de la NBA bajo su mentoría".

Quizá haya notado que en varias ocasiones he mencionado la palabra "mentor" al hablar de alguien o de mis propios mentores. Le aseguro que éste es uno de los grandes secretos de los fabricantes: reconocer el poder de escoger y conservar un buen mentor, además de ser también mentores de otros. Analicemos este concepto en detalle.

Un mentor es "una persona que aconseja o guía a otra". Todos somos enviados a este mundo con unos mentores y asesores naturales: nuestros padres. Durante la niñez, todos vemos a nuestros padres como grandes héroes y guías. Cuando tenemos un problema, recurrimos a ellos; cuando necesitamos un consejo, recurrimos a ellos; cuando necesitamos abrigo, seguridad y alguien con quien hablar, nuestros padres están disponibles. Aunque un niño pequeño no sabe qué es un mentor, lo aprovecha al máximo. Por ello, podría decir que para el ser humano es algo natural el hecho de tener un mentor.

Después, en la adolescencia, tendemos a adoptar como mentores a nuestros amigos. El adolescente suele dejar de escuchar a sus padres y, en cambio, le da más valor a lo que dicen sus amigos. Según el tipo de amigos que el adolescente haya escogido, esta influencia puede impactarlo positiva o negativamente para el resto de su vida. Posteriormente, cuando somos ya jóvenes adultos, nuestra pareja y/o amigos vienen a suplir esa necesidad natural de tener un mentor. En esta etapa consultamos todo con nuestra pareja o cónyuge, algunos consultan con sus amigos íntimos, y buscamos en ellos consejos y apoyo. Lo que no saben es que se están privando de los beneficios y el privilegio que ofrece el tener mentores deliberados en áreas específicas de la vida.

El libro de Proverbios del Rey Salomón es uno de mis favoritos, pues fue escrito con el fin de compartir sabiduría divina y consejos para el buen vivir. En el segundo capítulo señala que: "El buen consejo te guardará y te preservará la inteligencia. Te librará del mal camino y de los hombres que hablan perversidades."

El fabricante reconoce el valor de seguir buenos consejos.

En noviembre del 1994 fui a México a pasar un fin de semana en una convención de liderazgo. A eso de la medianoche presentaron a un conferencista internacional cuyo nombre escuché por primera vez. Fue presentado como uno de los mejores de Latinoamérica en el campo del desarrollo del ser humano hacia la excelencia. Esa noche escuché al señor Miguel Ángel Cornejo y, desde entonces, he leído muchos de sus libros. Recuerdo claramente que esa noche definió lo que él llamo la "tecnología de lo obvio". Se trata de un procedimiento muy sencillo para hacer realidad sus sueños y las metas mediante los siguientes cinco pasos:

1. Identifique claramente lo que usted desea.
2. Identifique a alguien que lo tenga.
3. Estudie detenidamente qué hizo esa persona.
4. Haga lo mismo.
5. Lo tendrá.

Aunque parece muy simple, la "tecnología de lo obvio" me abrió la mente en cuanto a la realización de sueños. Recuerdo que esa noche en el hotel Camino Real de Ciudad México, no podía dormir. Estaba tan entusiasmado con los sueños, las metas y planes, que planifiqué toda la noche. Comencé por trazar metas muy altas: hacía apenas un año había comenzado el camino hacia la realización personal trazando metas más allá del promedio. Deseaba saldar todas las deudas, viajar por el mundo y tener mi propio negocio. También deseaba ayudar a muchas personas y no tener presiones económicas, es decir, anhelaba lo que sólo tiene el tres por ciento de las personas. Pero la gran pregunta era: ¿Cómo? ¿De quién tenía que aprender?

Esa mañana, mis primeros mentores en el proceso de fabricación me invitaron a su cuarto de hotel y propusieron que, si así lo deseaba, me guiarían en el proceso de la diversificación y la libertad. Todo esto era muy raro, pues había aprendido que nadie entrega gratis sus secretos para lograr riqueza. La experiencia profesional me había enseñado que era imposible que alguien invirtiera su tiempo y su esfuerzo en ayudarme a alcanzar la libertad. En ese momento y gracias al señor Tino Echavarría y a su esposa Carmen, conocí el poder de tener un guía. Así encontré a mis primeros mentores.

De Carmen aprendí a asumir la responsabilidad de nuestro destino; ella es una persona que siempre tiene energía y fuerza para sobrepasar obstáculos y seguir adelante. Tino tenía una forma muy peculiar de enseñar, pues lo hacía siempre por medio de cuentos y parábolas, las cuales usaba para transmitir una profunda lección de la vida, ya fuera de finanzas o de negocios en general. Ese día decidí adoptar la "tecnología de lo obvio". Había identificado a quienes tenían lo que en ese momento deseaba y estaba dispuesto a aprender de ellos. De ahí en adelante comencé un nuevo proceso de aprendizaje.

Un día de febrero de 1995 pasé muchas horas revisando metas y resultados con nuestros mentores. Era el momento de ajustar planes de acción, pero aún me costaba aceptar que alguien estuviese dispuesto a compartir sus secretos tan abiertamente. Recuerdo que en ese momento miré a Tino a los ojos y le hice todas las preguntas que rondaban por mi mente: "¿Por qué estás aquí? ¿Qué quieres de nosotros? ¿Por qué nos dedicas tiempo cuando tienes una vida tan próspera y exitosa? ¿Por qué no estás de viaje con tu familia disfrutando de tu dinero y tu libertad?

Tino me respondió algo inolvidable:

Samuel, si unes tus manos a las nuestras te ayudaremos, te guiaremos y te enseñaremos el camino de la libertad financiera y la creación de prosperidad. Pero cuando llegues, nunca olvides que es tu responsabilidad ayudar a alguien más a llegar a ese estado. Respeta esta ley del universo. Es un ciclo. Te vamos a ayudar, pero recuerda que luego te tocará ayudar a otros.

Tino ya no esta físicamente con nosotros. Hace unos años Dios lo llamó. Había cumplido su labor en la Tierra, pero su enseñanza la tengo presente cada día de mi vida. Y por ella he decidido ayudar a otros a alcanzar la prosperidad y la felicidad. Gracias a él, conocí el valor de los mentores, y más aún, aprendí la responsabilidad de ser mentor.

El fabricante reconoce la importancia de tener mentores y acepta la responsabilidad de ser mentor de otros.

Hoy en día tengo mentores en muchas áreas de la vida, y en estos años he aprendido que se pueden clasificar en tres grupos:

1. **Mentores físicos.**
    Son con los cuales tenemos la dicha de compartir personalmente. Entre ellos contamos a nuestros padres quienes nos han guiado toda la vida con su sabiduría y su amor. Ellos siempre están presentes. En este grupo también incluyo a muchos amigos que hacen las veces de mentores espirituales, profesionales, financieros, personales y matrimoniales, entre otros. A todos ellos les expresamos con frecuencia nuestro agradecimiento por sus enseñanzas.

2. **Mentores eternos.**
    Personas que alguna vez tocaron nuestra vida con su experiencia y sabiduría, pero que ya no están físicamente con nosotros. Estas personas pueden haber pasado por nuestra vida, dejado su enseñanza y moverse a otro lugar a sembrar o puede que ya no estén físicamente en la Tierra, pero sus enseñanzas son un legado que permanece en nuestro corazón y que aportan mucho

a nuestro crecimiento y decisiones.

3. **Mentores virtuales.**

Estos son quienes nunca hemos conocido personalmente, pero sí a través de sus libros, audiolibros y otros medios, y que están llenos de enseñanzas importantes para nuestro desarrollo personal. Como habrá notado, he mencionado a muchos de ellos en este libro (autores, deportistas y actores, entre otros), que me han guiado con su trabajo, sus libros, sus películas y, en general, con sus enseñanzas. A todos ellos quisiera pedirles que sigan siendo ejemplo para muchos... ¡De verdad vale la pena!

Algunos de estos mentores pueden variar su rol y función con el tiempo. El tener mentores no es algo estático, más bien es muy dinámico dado que suple su necesidad de crecimiento y aprendizaje que varía a través del tiempo y según su competencia, edad y ciclo de vida. Dicho esto, le adelanto que tendrá múltiples mentores en diversas áreas de desempeño, y que es importante que sepa escoger bien, puesto que definitivamente será de impacto a su vida para bien o para mal.

Las siguientes definiciones le ayudarán a definir mejor a la hora de escoger un mentor o al tener que desempeñarse en su rol de mentor.

1. **¿Qué es un mentor?**
   - Un maestro sabio
   - Un amigo perspicaz
   - Un educador experimentado
   - Un guía en el camino

2. **¿Qué hace un mentor?**
   - Transmite conocimiento
   - Estimula a la acción
   - No intenta ser la estrella, sino crear múltiples estrellas
   - Ama y confronta
   - Forja vidas
   - Está siempre disponible

3. **¿Cómo lo hace?**
   - Con preguntas
   - Con disposición a escuchar
   - Desarrollando las habilidades de otros
   - Permitiendo actuar

¿Cuán valioso es tener un mentor?

Warren E. Buffett es considerado el inversionista más exitoso del siglo XX. Sus inversiones tienen aproximadamente un valor neto de 50 billones de dólares. En su biografía, Buffett narra cómo tomó una decisión que cambió su vida entera: escoger como mentor a Benjamin Graham.

Mike Litman es un joven periodista de un programa radial escuchado por millones de personas en catorce países. Cada jueves, Litman entrevistaba a un fabricante exitoso en el mundo empresarial. Sus entrevistados son multimillonarios que están dispuestos a contar a los oyentes sus secretos acerca de la creación de riquezas. Su libro, *Conversaciones con millonarios*, llegó a ser uno de los más vendidos en los Estados Unidos. Después de entrevistar a docenas de millonarios cuya riqueza sobrepasa los 600 millones de dólares, le preguntaron a Mike: "¿Cuál es el secreto número uno que ha aprendido de las entrevistas con estos genios de los negocios?" Él respondió: "El secreto número uno que he aprendido es que todos ellos tienen un mentor".

Mark Victor Hansen, creador de la súper exitosa serie de libros *Sopa de pollo para el alma*, y Anthony Robbins, considerado por muchos como el maestro de la programación neurolingüística, mencionan a Jim Rohn como uno de sus primeros mentores en lo que tiene que ver con el desarrollo de cualidades para el éxito. En una entrevista le preguntaron a Jim Rohn: "¿Cuál definiría usted como el momento crucial en que su vida dio un giro hacia la riqueza, la felicidad y la prosperidad?" La respuesta inmediata de Rohn fue: "El momento en que escogí a Earl Shoaff como mi mentor".

En los últimos veinte años, Robert Allen ha adiestrado cerca de un millón de personas en el manejo de finanzas y técnicas de inversión. Sus enseñanzas incluyen siete pasos para crear riqueza y prosperidad. El cuarto paso es tener un mentor con el cual aprender a invertir y a mover el dinero. Allen menciona que ha tenido cerca de treinta grandes mentores en su vida.

Jack Canfield, coautor de *Sopa de pollo para el alma,* ha vendido más de 100 millones de ejemplares de sus libros, los cuales han sido traducidos a más de 37 idiomas. Anualmente, Jack asesora a cientos de miles de personas con su seminario "Desempeños al máximo" y recomienda tener un "equipo de mentes pensantes", es decir, personas expertas en múltiples áreas que puedan prestar asesoría, retar el pensamiento y servir de mentores para el desarrollo personal.

Como habrá visto en los ejemplos anteriores, grandes personalidades en el campo de los deportes, la política, el entretenimiento, la religión, la ciencia y la administración, entre otros, reafirman el poder de los mentores como un paso fundamental para alcanzar la excelencia.

La Biblia dice que pidamos y se nos dará. El fabricante aprende a pedir. En el mundo de los comelones, pedir es visto como una debilidad. En el mundo de los fabricantes, pedir consejo y apoyo es una de las fortalezas más grandes que un fabricante pueda tener. Atrévase a pedir ayuda y consejo. Atrévase a buscar a la persona más exitosa en el área de su desempeño. Ella estará dispuesta a guiarlo, pues con seguridad, también alguien la guió a ella en el camino hacia el éxito.

Por muchos años tuve como mentor virtual a John C. Maxwell. Como puede notar en este libro, sus libros y enseñanzas han sido de gran impacto para mi vida. Pero tal y como dije anteriormente "Pedid y se os dará". La vida ha girado en estos veinte años de forma maravillosa, lo cual me ha permitido en estos momentos ser parte del prestigioso y escogido equipo de oradores, entrenadores y coaches de John. Y lo que es más valioso aún, contar con él como mi mentor personal para decisiones de negocio y de vida. Puedo decir por experiencia propia, que no hay nada como tener un mentor de tal altura. Puede ver sobre nuestra relación con el equipo de John Maxwell en www. johnmaxwellgroup.com/samuelclavell

Como fabricante, acepte también el reto de ser mentor. Entregue su ser, su corazón y su mente al ayudar a otras personas a alcanzar riqueza. Fuimos enviados a este mundo para ello. Nuestra principal labor como fabricantes es ser bendición y apoyo para otros. Dentro de la ley que rige el universo, la vida lo compensará con bendiciones sin par.

Por último, un fabricante en grande tiene que ser humilde para poder aprender. "Sólo sé que nada sé", dijo el gran filósofo Sócrates, y es una de las más grandes verdades del ser humano. Es necesario ser humilde para reconocer que siempre estamos aprendiendo de alguien. Uno de mis mentores me dijo hace unos años: "Sammy, el día que creas que llegaste a la cima tienes un solo camino: ¡bajar!" Entonces recuerde que:

El gran secreto de todo fabricante es tener siempre un mentor, un guía y un maestro en el camino.

Cimientos de
FABRICACIÓN

1. El denominador común de las personas exitosas es tener un mentor que los guía por el camino del éxito.

2. Los fabricantes reconocen el valor de tener mentores.

3. Tenga mentores en las siguientes áreas: profesional, espiritual, familiar y matrimonial, personal, financiera y de salud y bienestar.

4. Existen tres tipos de mentores: físicos, eternos y virtuales.

5. La responsabilidad de un fabricante es convertirse en un mentor para otros.

6. Nunca crea que llegó a la cima, puesto que de ahí el único camino será bajar.

Mapa de
CONSTRUCCIÓN

¿Cuál es la importancia de tener mentores en mi vida?

_____

_____

_____

_____

Mis mentores actuales (uno o dos) en las siguientes áreas son:

Personal _____ y _____

Profesional _____ y _____

Espiritual _____ y _____

Familiar _____ y _____

Matrimonial _____ y _____

Financiera _____ y _____

Salud _____ y _____

¿Qué preguntas y dudas plantearé a mis mentores para buscar su ayuda, su apoyo y su consejo? Identifique varias preguntas por cada área de su vida.

_____

_____

_____

_____

Mapa de
CONSTRUCCIÓN

¿Quiénes han sido mis mentores eternos? ¿Qué aprendí de ellos?

_____
_____
_____
_____

¿Quiénes son mis mentores virtuales? ¿Qué he aprendido de ellos? Identifique autores, actores, deportistas, artistas, etcétera.

_____
_____
_____
_____

¿A quién sirvo yo de mentor actualmente?

_____
_____
_____
_____

¿Cómo estoy realizando mi tarea de ser un mentor para otros?

_____
_____
_____
_____

¿Qué cambios, acciones y planes voy a desarrollar para mejorar constantemente en mi labor de ser mentor?

_____
_____
_____
_____

El fabricante,
reconoce la diferencia entre logro y éxito

Una de las características principales de los fabricantes es que son trabajadores incansables. Una vez creen en algo, trabajan y trabajan sin parar hasta alcanzar lo deseado. Muchas veces nos referimos a estas personas como personas que obtienen éxitos tras éxitos. En este punto deseo aclarar la diferencia entre alcanzar logros y tener éxito. En mis múltiples facetas como consultor y empresario, he visto personas que se identifican como exitosos porque han logrado desarrollar múltiples proyectos, negocios e iniciativas. Pero cuando miras en detalle, ninguna de ellas ha permanecido o impactado realmente.

Cuando lancé la primera edición del libro *¿Cómo fabrico mi queso?* en el año 2004, hicimos varias giras promocionales en diversos países de Latinoamérica. En ellas, las entrevistas con prensa, radio y televisión eran frecuentes. Normalmente, los periodistas preguntaron sobre el libro, su contenido y alcance. Recuerdo muy claramente una pregunta en específico en una sesión televisiva en Colombia: "Sr. Clavell, ¿Cuál es el queso que usted desea fabricar?" De inmediato catalogué esa pregunta como una totalmente diferente a las anteriormente recibidas durante la gira. Gracias a Dios estaba muy claro de nuestro propósito, por lo cual mi respuesta inmediata fue: "El queso que deseo fabricar con este libro es apoyar a muchas personas a delinear un camino hacia el empresarismo, la productividad y el éxito personal, financiero, emocional y espiritual".

Han pasado siete años desde la publicación del primer libro y puedo decir que hemos recibido miles de correos electrónicos con experiencias e historias. Correos electrónicos desde diversas partes del mundo han llegado de personas que han aplicado lo expuesto en este libro y han visto nuevos negocios florecer y nuevas oportunidades surgir para ellos y sus familias. Han comenzado a fabricar en grande.

Con frecuencia algunas personas nos preguntan: "¿Cuántos libros has vendido?" "¿Cuántas ediciones llevas?" "¿A cuántos países han llegado con su libro?" Aunque son preguntas legítimas y que todos deseamos saber, lo que realmente nos mueve e impacta es cuando recibimos un correo electrónico, una llamada o una carta de alguna persona que ha sido impactada, bendecida y cambiada por el material aquí expuesto. La realidad es que muchos cuentan el éxito por el número de productos vendidos, dinero ganado o inclusive de fama creada, pero está probado que el éxito va más allá de esas cosas pasajeras y materiales.

En días recientes, todos recibimos la noticia de la sorpresiva e inesperada muerte de la cantante norteamericana Whitney Houston. Whitney fue dotada con un don especial, tanto en su voz como con su carisma y personalidad. En la década de los 90, ella dominó el mercado de discos vendidos por una cantante de su género con sobre 170 millones de copias vendidas, y solo en un evento se contabiliza que fue vista por sobre 7.6 millones de televidentes al cantar el himno de Estados Unidos en el juego del "Super Bowl" del 1991. Bajo cualquier medida, estos números deben ser sinónimo de éxito rotundo. Pero en febrero del 2012, su cuerpo sin vida fue hallado en una habitación de hotel en Beverly Hills, California, rodeada de calmantes para los nervios. Cuando leemos estas historias recordamos casos como Marilyn Monroe, Michael Jackson o Elvis Presley. En el mundo de los negocios, casos como Enron, WorldCom y Bernard Madoff nos recuerdan cómo, luego de levantar empresas billonarias, cayeron con escándalos y fraudes de 11 billones, 4 billones y 65 billones de dólares respectivamente. Definitivamente, todos estos ejemplos son casos donde los logros fueron grandes, pero finalmente el éxito no les llegó.

Durante los pasados quince capítulos le hemos dotado de herramientas que desarrollan sus habilidades como fabricante y, de seguro, si las pone en práctica, le guiarán a una vida de logros. Pero deseo establecer claramente la diferencia entre logros y éxitos.

Existen tres elementos para poder determinar si lo que está obteniendo es algo que le brindará éxitos o si, simplemente, son logros momentáneos que no se traducirán en éxito permanente.

1. Repetitividad

Recuerdo mi primera clase de golf formal con un conocido profesional en Puerto Rico. Cuando llegamos al campo, el día estaba un poco lluvioso, por lo cual mi maestro de golf me llevó al área de tiros cortos (llamada "putting area"). La idea era brindarme los movimientos básicos a realizar cuando estoy cerca del objetivo en el golf, (el famoso hoyo que todos esperamos llegar lo antes posible). Luego de unos minutos de técnica y modelaje de parte de mi maestro, me tocó el turno de tirar mi primer "putt" (tiro corto). Simplemente tomé el palo en mis manos y, luego de imitar el movimiento que recién había aprendido, vi como la bola corría por un largo campo verde y entró directamente en el hoyo. ¡Wow! Fue todo un éxito. Mi maestro muy sabiamente me dejó saber de inmediato que lo que ocurrió fue simplemente lo que él llamó "suerte de principiante". Muchos de los llamados éxitos son eventos solitarios y no repetidos que nos llegan por suerte o bendición de Dios. Es importante que no se confunda cuando por la pasión, creencia, trabajo duro y enfoque inicial tenga buenos logros y piense que ya llegó al éxito. No se equivoque. El primer punto para saber si es logro o éxito es la capacidad de repetirlo. Ahora, con repetirlo no tiene asegurado el éxito. Lo próximo que debe ocurrir es que se logre la...

2. Permanencia

El segundo punto a evaluar para saber si está ante logros o éxitos es el nivel de permanencia de lo alcanzado. El mundo está lleno de personas que lograron alcanzar repetidamente logros tras logros generando dinero, fama, reconocimiento y otros beneficios. Pero varios años luego, encuentran que han perdido todo y solo queda el recuerdo de lo ganado. ¿Qué elementos pueden hacer que una persona que haya ganado tanto pueda caer y perderlo todo? Uno de mis primeros mentores en el área de negocios me enseñó lo siguiente: "El día que creas que llegaste a la cima, solo tienes un camino: bajar". Unos años más tarde, luego de llegar a unos logros de ganancia sin precedentes y envidiado por muchos, esta persona se creyó Dios. Tal y como me enseñó previamente, primero con sus palabras y ahora con sus hechos, esta persona perdió todo su dinero y posesiones. Definitivamente él alcanzo muchos logros, pero el tiempo probó que nunca alcanzo el éxito. Esto usted lo puede notar en el ambiente religioso, profesional, personal, financiero y hasta familiar. Cuando el pastor, gerente, vendedor o padre solamente habla de lo alcanzado hace varios años, pero no hay logros recientes, demuestra la falta de permanencia en lo adquirido y, por ende, el hecho de que ese logro nunca se convirtió en éxito. Existe un tercer elemento vital para identificar si lo que usted ha alcanzado son logros o éxitos. Este es...

3. Significado

Uno de los elementos más relevantes para saber si lo alcanzado es simplemente un logro o es éxito real, es el nivel de significado que tenga su acción. Esto es determinado por el impacto que lo alcanzado por usted tiene en otros. ¿Cuántas otras personas son beneficiadas por su acción y logro? ¿Son bendición para otros las posiciones alcanzadas? Un gran empresario llamado Dallin Larsen del Estado de Utah en los Estados Unidos, logró llevar su empresa de iniciar en un garaje en el año 2005, a ventas de sobre un billón de dólares para el año 2008. Entre sus logros personales está el reconocimiento como Empresario del Año a nivel estatal y nacional por prestigiosos gremios de empresarios y comerciantes. Su lista de logros es modelo de lo que cualquiera puede definir como éxito. Pero, cuando tienes la oportunidad de hablar con este reconocido empresario en la industria de venta directa, su llamado constante es a moverse de logro a éxito y de éxito a significado. Dallin define significado por el nivel de impacto que logre en la vida de otra persona. Esto es definido a nivel personal, financiero, físico, familiar y espiritual. Este es un gran ejemplo de lo que es no solo alcanzar logro tras logro, sino moverlo a éxito que trasciende y deja un legado.

Hace unos meses llegó a uno de mis seminarios una pareja dueña de una agencia de turismo. Personalmente pensaba que ésa industria había sido severamente afectada con los cambios hechos por las líneas aéreas y la accesibilidad que ofrece el Internet a los pasajeros para auto-servirse. Mientras fui conociendo de ellos y sus empresas me maravillaba los logros que ellos estaban obteniendo. Esta agencia que aparentaba ser pequeña en un local en Puerto Rico, ha ganado durante los pasados cuatro años el premio de ser la agencia que más estudiantes y personas lleva a Disney en el verano. Esta distinción es a nivel global. Cuando vimos su modelo de negocio, notamos que ellos reinventaron su empresa creando un modelo de negocios llamado "Viajes Educativos", comenzando con 20 estudiantes al año hace una década y sobrepasando la cantidad de 3,000 estudiantes al año en la actualidad. La empresaria Merylee Suazo y su esposo Juan Carlos Morales probaron que tenían logros en grande que demostrar. Ellos no sólo lo hicieron por algunos años sino que lo han repetido año tras año y continúan con un crecimiento consistente. Ahora bien, ¿se traduce esto a éxito? Dios me ha permitido conocer a estos empresarios no sólo como clientes sino como personas, y mientras mas les conozco mas puedo ver su interés genuino en tocar la vida de niños y adolescentes que no tendrían oportunidad de conocer cultura, viajar y aprender si no fuera por este programa. Me impacta ver sus ojos y pasión cuando hablan del programa, no por la cantidad de personas que mueven sino por la cantidad de jóvenes que tocan. Cada año Merylee y su equipo de trabajo se esmeran por hacer de "Viajes Educativos" no un viaje más, sino una experiencia que le cambie la vida a cada joven presente. De hecho hemos llegado a conocer el corazón de estos empresarios por medio de sus donativos y auspicios a entidades benéficas y definitivamente el tercer elemento para catalogar como éxito su tarea es evidente. Ellos son un vivo ejemplo de un fabricante que desde su "pequeña fabrica" pueden impactar en grande y no meramente demostrar logros sino dejar un significado.

Le invito, como fabricante de éxitos, a evaluar todos los logros que haya alcanzado y los que quedan por lograr, utilizando el crisol de las siguientes preguntas: ¿Es este logro uno repetido o simplemente fue un acto de suerte? Lo logrado, ¿creó algo permanente en mi vida o simplemente es un gozo momentáneo y pasajero? ¿Cuántas personas son impactadas, beneficiadas y bendecidas gracias a este logro personal, profesional o corporativo? ¿Puedo identificar el verdadero significado y legado en los sueños, metas y logros que voy alcanzando? Solo cuando las respuestas a estas preguntas son positivas y no pasajeras, usted puede reclamar el verdadero éxito que todo fabricante debe buscar.

Finalmente, deseo compartir con usted la manera en que en nuestra empresa evaluamos si lo alcanzado es un logro o si hay éxito y significado en ello. Mientras escribo este capítulo, vienen a mi mente comunicaciones recibidas en las pasadas veinticuatro horas. La primera fue un correo electrónico de Claudia Villa desde Inglaterra. La Sra. Villa es natal de Medellín, Colombia, pero el camino de fabricar la ha llevado a vivir en países como Alemania e Inglaterra. En sus múltiples correos me ha comentado cómo lo expuesto en nuestro libro la ha apoyado y guiado a encontrar su pasión de vida y buscar un balance entre lo familiar y profesional. Catalogo las experiencias como éxito cuando podemos ver que hemos impactado desde la distancia a personas como ella.

La segunda comunicación que recibimos hoy fue un mensaje de Kelly Ladrón de Guevara. Esta joven declara ser influenciada por este libro y nos relata que participó en una conferencia brindada por mí en su natal Barranquilla, Colombia. En la comunicación nos expresó cómo esto le ha apoyado para alcanzar éxito en el área de comunicaciones, tanto en su natal Colombia como en España, y su deseo de lograr una entrevista radial para la empresa de comunicaciones en la que labora actualmente.

Gracias a Dios hoy tenemos la oportunidad de hablar ante miles de personas anualmente. Más que un logro, catalogo este hecho un privilegio. Hemos tenido programas de radio y televisión. Hemos sido invitados a conferencias internacionales y globales, pero lo que mueve aún más mi corazón y reafirma mi compromiso, son esos momentos cuando las personas se acercan, se identifican y me dejan saber su historia de fabricación. Recuerdo una en particular que nos validó nuestra misión. Al finalizar una conferencia, una persona se me acercó y me enseñó una foto de un negocio de alimentos naturales del cual él era dueño. En ese momento me dice: "Sr. Clavell, ¿sabe cómo le llamo a este negocio? Mi fábrica de queso". En ese momento procedió a contarme que había perdido su trabajo y que cuando estaba en el momento de la desesperación y casi depresión, su hijo le regaló el libro "¿Cómo fabrico mi queso?" que había leído en la universidad. Me informó que solo unas semanas luego de leerlo se levantó y decidió realizar su sueño de vida. Me contó cómo alquiló un local y mientras lo pintaba, decía y repetía una y otra vez: "Estoy fabricando mi queso, estoy fabricando mi éxito. Estoy fabricando para mí y para mi familia". Amigo fabricante, son esas historias las que realmente me hacen sentir y disfrutar el éxito. Es ahí cuando usted sabe que lo hecho valió el esfuerzo y que tiene significado.

Han sido cientos las comunicaciones que recibimos de fabricantes en acción alrededor del mundo. Aquí comparto algunas de las notas que he recibido de lectores en estos años.

Buenos días:

Me parece muy curiosa la manera en la que su libro llegó a mis manos. Hace dos semanas, por una extraña razón, sentí ganas de leer libros que hablaran acerca de seguir los sueños de éxito o de liderazgo y decidí comprar "Los 7 hábitos de la gente altamente efectiva," pero estaba agotado en la librería. El domingo de esa semana fui a otra librería buscando el mismo libro, pero tampoco lo había. Revisando los libros del mueble, vi "¿Cómo fabrico mi queso?" De primera no me llamó mucho la atención, sin embargo, por alguna razón lo compré. Camino al carro y a mi casa pensé que tal vez esa fue una mala inversión porque no había comprado el libro que en un inicio quería. En la noche, decidí comenzar a leerlo y fue increíble cómo me sentí envuelta por esa lectura. Cada día leía, como poco, 30 minutos. Ese libro me abrió los ojos en muchos aspectos de mi vida.

Actualmente tengo 21 años y trabajo en la firma de abogados internacional Morgan & Morgan y acabo de obtener una licencia en traducción de español-inglés-español. Quiero hacer de eso mi negocio porque los idiomas son mi vocación. El otro año termino estudios universitarios por lo que me dedicaré a las traducciones y a dar clases universitarias (haciendo lo que me gusta y me divierte). Tengo muchas ideas en mente para mi negocio de traducciones y sé que estoy en camino al éxito. Hace unos meses di una charla a mis compañeros de trabajo acerca del libro "El Secreto" y les gustó mucho. Yo soy una persona callada pero por ayudar, vencí ese miedo. (Sin darme cuenta, practiqué lo que dice su libro "La acción cura el miedo"). Estoy planeando otra charla de su libro para ellos para que dejen de solamente soñar y comiencen a construir. Muchas gracias por llegar a mis manos de esa manera tan inesperada. Definitivamente, nada en este mundo es casualidad. Le deseo muchos éxitos, y sé que usted me los desea a mí también.

Un abrazo fraternal.
Gressy Icaza
Panamá

Buenas tardes Samuel.

Soy un joven de Colombia que lee su libro "Cómo fabrico mi queso". Hace varias semanas vengo leyendo su libro como una guía de mejoramiento personal, y como paso previo a la creación de una empresa con la cual sueño hace años. No la había comenzado porque me faltaban elementos importantes, tales como conocimiento del sector y la industria, conocimiento del producto y formas de identificar oportunidades y desarrollar la mentalidad de empresario.

Le agradezco por poner al alcance de muchas personas emprendedoras como yo una obra que recopila experiencias edificantes y pasos prácticos para la vida en todas sus facetas. A eso llamo dejar huella.

Además, hay algo especial y diferente entre usted y otros autores que he leído. Es que usted es grato con Dios y no lo deja de lado como muchos otros que ni lo mencionan.

Dios le bendiga.
Andrés Rodríguez Penagos
Medellín, Colombia

Sammy,

Yo tengo la primera edición autografiada por ti directamente. Hace unos años presté el libro a quien fue mi pastor en aquel entonces. Le gustó tanto que fue a comprar doce libros para regalárselos a su equipo pastoral. Unos años más tarde se lo presté a quien es mi pastor hoy día y también le encantó.

En mi carácter personal te puedo contar que ya no trabajo para otra empresa o persona (lo que hice por más de 15 años). Me atreví con mi esposo a abrir nuestro propio negocio de comida y gracias a Dios que nos va bien. ¡Estamos fabricando para nosotros, lo cual ha resultado para la bendición de otros también! Adelante Sammy. Dios está contigo mi gran hermano.

Laura Torres
Empresaria Industria de Alimentos

Hola Samuel:

Yo conocí el libro "¿Cómo fabrico mi queso?" a través de un paciente en el año 2005, en la clínica en donde ejercía como Fisioterapista. Esto fue en Barranquilla, Colombia. Ella me lo prestó solo por unos momentos y leí lo que pude lo más rápido posible. Inclusive, recuerdo que tomé notas de él en mi agenda. De ahí seguí como pude, hice una fábrica de mi propio queso muy blanda, se llamó Fisiored. Esta no duró mucho, pero fue nuestro inicio. Aún así persistió en mí la inquietud de fabricar y crear. De ahí viajé a trabajar en Venezuela en el año 2006 con la idea en mi mente de lograr hacer mi propio queso, y pendiente de encontrar el libro que un día me habían prestado. Un día fui a un centro comercial en Maracaibo a comprar un par de zapatos y recuerdo que pasaba por una librería y lo vi. Rápidamente entré y lo compré. Regresé muy emocionada y lo leí rápidamente.

En el 2010 ya tenía una idea más clara de lo que quería y el 27 de junio de 2010 tomé la decisión en firme de lanzarme. Me tomó hasta diciembre del 2011, pero lo logré. Hoy vivo en Barranquilla, Colombia nuevamente y mi fábrica de queso se llama RED-Habilitar. Aunque aún es una fábrica pequeña sigo trabajando continuamente, confiada en Dios que será definitivo.

Siempre he seguido sus seminarios por Internet y de verdad, solo espero poder verle y escucharle en vivo.

Gracias Samuel.

Ruby Brochero Muñoz
Fisoterapeuta/ Universidad
Barranquilla, Colombia
Buenos Días Sr. Clavell:

Los seres humanos solemos desconocer acerca de lo mucho que podemos hacer para transformar nuestras vidas, y del potencial y capacidad inagotable que tenemos para crear y fabricar.

El molde para la construcción de mi queso era mediano y hace años solo tenía sueños. Ahora se transformaron en metas; metas que han ido cumpliéndose y agrandando, por ende, en el molde y modelo con el que fabrico mi queso ahora hay abundancia. Eso no significa que no enfrentamos dificultades. Las hay, pero así como hay nuevos retos, hay una nueva mentalidad de tomar acción para enfrentarlos con determinación.

Su libro "¿Cómo fabrico mi queso?" reforzó esa visión que tenía sobre mi enano interno al que reprogramé con mi imagen de ganadora. Mi hoy y mi ahora están destinados a alcanzar mis objetivos y a moverme en distintas direcciones para ser más proactiva y fortalecerme. Ahora sé que el mundo tiene un gran abanico de posibilidades y que, día a día, espera por mis decisiones y acciones para maximizarlas. Gracias...

Kelly Ladrón De Guevara
Periodista de Caracol Radio
Barranquilla, Colombia

Es crucial que defina de antemano qué es éxito para usted. Muchos darán su definición particular y tratarán de que la adopte como suya. Para algunos es dinero, para otros posesiones, para algunos las relaciones que han creado y, para otros, puede ser estudios, títulos o inclusive, tiempo familiar. Lo verdaderamente importante es que la definición que le dé a la palabra éxito sea la que usted valore, y no la que otro decida por usted.

Le invitamos a que se una al ejército de fabricantes en acción que están alcanzando logros, bendiciendo a otros y, sobre todo, dejando

EPÍLOGO

El fabricante,
es creativo y actúa con responsabilidad

En 1985, con sólo 21 años de edad, emprendí mi primer día de trabajo en una empresa multinacional. Ese día comenzó mi aventura como "citibanquero" (así se les llama a las personas que trabajan en la prestigiosa empresa Citibank). Como en todas las grandes empresas, el primer día estuvo cargado de información corporativa y documentos por llenar. En realidad no recuerdo mucho de lo ocurrido en mi entrevista inicial, pero hubo una frase que nunca olvidaré. La persona que me dio la bienvenida me dijo: "En Citibank, la palabra que nunca cambia es la palabra cambio". ¡Qué gran verdad!

Tuve entonces la fortuna de pertenecer a Citibank durante 18 años, y estoy convencido de que esa frase, que entendí claramente e hice mía, me facilitó el proceso de convertirme en un fabricante para la empresa. Gracias a mi compresión del concepto del 'cambio', alcancé niveles ejecutivos muy altos en el mundo corporativo, para implementar proyectos, y crear y dirigir equipos de venta y servicios alrededor del mundo. Pero lo mejor que obtuve de tan gratificante experiencia fue haber comprendido que el cambio nunca para de cambiar.

Ahora estamos comenzando la segunda década de un nuevo siglo, el siglo XXI. Hace unos trece años el mundo corporativo tenía muchas preguntas, dudas y expectativas: ¿Cómo será ese nuevo siglo? ¿Qué cambios tendrán que implementar para asumir los nuevos retos? ¿Cómo afectarán el Internet y la nueva tecnología la manera de hacer negocios? Pero, posiblemente, la pregunta más latente aludía a los cambios personales necesarios para adaptarnos al nuevo milenio.

El mundo tenía expectativas muy altas en relación con el futuro. El Internet aparecía como el nuevo medio que revolucionaría la manera de hacer negocios. En la bolsa de valores las acciones de empresas relacionadas con la alta tecnología subían, al parecer, sin límites. Las empresas, las universidades y los indicadores de negocios apuntaban a cambios drásticos en la economía y a una bonanza sin igual. El mundo entero se enfrentaba a un nuevo reto. Se produjeron docenas de libros, seminarios y talleres con el objetivo de ayudarnos a entender y aceptar nuestro inseparable amigo: el cambio. En esos días se creó un nuevo paradigma empresarial: "Tengo que cambiar o seré cambiado".

Hoy nos encontramos nuevamente ante un cambio de paradigma. Esta primera década del nuevo siglo nos ha enseñado que hay unos principios básicos permanentes que debemos estudiar y aplicar, y que si no los respetamos, sufriremos y pondremos en riesgo la supervivencia económica y social. Algunos de estos principios son honestidad, integridad, transparencia y lealtad. Hemos visto cómo empresas que han tergiversado o acomodado a su conveniencia la definición de estos términos han sufrido caídas económicas sin precedente, algunas de ellas desapareciendo y otras dejando un impacto en la sociedad que tomará décadas recuperar. Quizás perdieron lo que considero el principio más importante y permanente en nuestro pasar por la vida, nuestra responsabilidad permanente de crear y asegurar que nuestras acciones aporten a un mejor futuro y porvenir.

En este momento me viene a la mente la imagen del relato bíblico de la creación de Adán, plasmada de manera magistral por Miguel Ángel Buonarroti en el techo de la Capilla Sixtina, situada en el Vaticano, Roma.

En ella, Miguel Ángel presenta la transferencia de poder y energía entre Dios creador y su máxima creación, el ser humano. La Biblia dice que el creador nos hizo a su imagen y semejanza, y por ello estoy convencido de que Dios nos hizo iguales a Él en la capacidad de crear.

Fuimos enviados a la Tierra para crear. Y no debemos olvidarlo nunca, pues es lo que nos hace diferentes del resto de los seres vivientes. Por nuestra naturaleza divina, tenemos que crear, y la necesidad de crear prosperidad, seguridad y provisión, nunca acabará. Y aunque parece natural el deseo y disposición a crear, en esta primera década del siglo XXI los bancos olvidaron ese principio y llevaron al mundo económico al borde de una recesión sin precedente. Los políticos olvidaron ese principio y nos llenaron las noticias de escándalos y malos ejemplos. Las grandes empresas olvidaron ese principio y sus decisiones desencadenaron caídas en sus acciones y valor. Aunque parece trivial, repetitivo y hasta natural el crear, si no tiene una firme determinación a evaluar cada acción, cada paso y cada decisión en base a sus consecuencias futuras y cómo este paso aporta a la solidez de lo creado, es fácil ser atraído por los deseos materiales, por la fama efímera o por las ganancias rápidas y momentáneas.

Sin lugar a dudas, en el futuro enfrentaremos cambios tecnológicos, cambios en los procesos, en las teorías administrativas y en las técnicas de manufactura, pero lo que nunca cambiará es nuestra responsabilidad como seres humanos: crear.

Donde sea que esté usted hoy, comenzando una nueva aventura empresarial o cambiando de empleo o industria, ya sea que lleve pocos años trabajando o que esté cerca de su jubilación, sin importar en qué punto del ciclo productivo esté, tiene que aceptar su responsabilidad de fabricar en grande.

**Acepte su responsabilidad de fabricar...
felicidad, abundancia y prosperidad.**

Este libro fue su manual inicial y su guía en el proceso de conocer la aventura de fabricar. Ahora le toca a usted aceptar con alegría su responsabilidad. Decida fabricar en su empresa, en su familia, en todas sus relaciones, y recuerde que el nuevo paradigma del siglo XXI es:

Si todos fabricamos, nunca se acabará.

De fabricante a fabricante

¡Felicidades! Ha llegado al final de esta aventura de crecimiento. Ahora está a un paso de certificarse como fabricante. Pero tal y como mencioné anteriormente, información sin aplicación es igual a frustración.

La información sola ¡no da poder alguno! Lo verdaderamente poderoso es saber aplicar todas las herramientas aprendidas para mejorar continuamente en su vida, su profesión, su familia y, en especial, para con usted mismo. Por lo cual, en cuanto haya terminado la lectura de este libro, el paso más importante es ponerlo en práctica. Aplicarlo. Sólo así se asegurará de hacer un cambio en su vida y la de los suyos con resultados prósperos y permanentes.

Cada año asisto a docenas de seminarios y talleres sobre múltiples temas. Basado en esa experiencia, he podido clasificar a quienes participan de dichos seminarios en dos grandes grupos: los que no toman notas y los que sí lo hacen. Los primeros escuchan al orador durante toda la conferencia que puede durar varias horas. Muchas veces asienten con la cabeza en muestra de apoyo y aceptación incluso aplauden para reconocer el valor de la información recibida, pero no toman una sola nota. Hay estudios que revelan que dos días luego de la conferencia, estas personas se acordarán de menos del 15 por ciento de lo que oyeron. Invirtieron tiempo, dinero y energía en asistir a una excelente conferencia, pero no actuaron debidamente para poder luego utilizar la información recibida en beneficio propio.

Por otra parte, está el grupo de los que sí toman notas. En ese grupo las personas saben y reconocen que mientras más notas tomen, más podrán repasar y utilizar la información recibida.

Recordemos cómo funciona el proceso de escribir. Cuando usted escribe, su voz mental repite lo que está plasmando en el papel. Ese hecho hace que sus "enanos" (neuronas) escuchen dos veces la información. Primero, escuchan la voz del orador (siguiendo con el ejemplo de la conferencia), y aunque ésta no puede programarlos directamente, sí puede activarlos para que analicen lo expuesto. Después, cuando usted procede a escribirlo, su mente repite la información recibida, pero esta vez utiliza su "frecuencia vibracional resonante" o, dicho de otra manera, su propia voz. Y sólo esta voz, la suya propia, programará inmediatamente a sus "enanos" debido a la repetición instantánea y el poder que ejerce en ellos.

Yo tengo docenas de libretas en mi oficina. Durante los pasados veinte años he reunido en ellas toda clase de información obtenida en los cientos de seminarios que he asistido. Esa información es sumamente valiosa cuando necesito referencias o quiero refrescar datos. Me atrevo a decir que el valor de esas notas es incalculable. ¿Cómo llegó tan valiosa información a mi oficina? Día a día, curso a curso, nota tras nota.

Hagamos ahora un análisis más profundo del grupo de los que sí toman notas, que a su vez se puede dividir en dos subgrupos. En el primero están las personas que toman notas de todo, pero luego guardan la libreta o carpeta en un estante, como un trofeo para su orgullo personal. No vuelven a leerla o revisarla y, por lo tanto, la información, aunque accesible, no tiene mucho valor real. Realmente no hay gran diferencia práctica entre las personas que no toman notas y las que sí lo hacen, pero no vuelven a ellas. En ambos casos el nivel de aplicación es nulo.

Finalmente, tenemos a las personas que toman notas de toda la información recibida y dan un paso adicional: las revisan, las agrupan, las estudian y las utilizan según sea necesario. El simple hecho de utilizar las notas y llevarlas a la acción hace toda la diferencia.

Si usted ha llegado a este punto en el estudio del arte de fabricar en grande, muy probablemente habrá contestado las preguntas de los "Mapas de construcción" que aparecen al final de cada capítulo. Si no se tomó el tiempo necesario para hacerlo, le recomiendo grandemente que lo haga inmediatamente. Sólo así podrá hacer suyo este libro y darle un valor especial y único para usted. Posiblemente en algunas ocasiones fue necesario usar papel adicional para completar sus respuestas, fruto de sus pensamientos y reacciones a lo que ha venido aprendiendo.

De ser así, se está encaminando hacia un cambio radical en su vida y, por lo tanto, hacia la excitante dimensión de la creación. Pero lo que producirá un verdadero cambio y lo convertirá en un fabricante en grande, es el repaso constante de las habilidades, técnicas y herramientas expuestas aquí, así como la revisión constante de sus posibilidades de aplicación en su vida diaria. Le recomiendo que, además, comparta estas técnicas con otras personas y que acepte la tarea de guiar a otros en esta aventura de fabricar, dar y crear.

Si lo desea, puede visitar la página Web: www.samuelclavell.com para ser parte de la comunidad de fabricantes en acción. Allí encontrará información actualizada para continuar su camino como fabricante en grande. Cuéntenos su historia y acepte el reto de fabricar para el futuro. Sólo así nos aseguraremos de que el mundo sea no sólo como lo soñamos, sino como lo fabricamos día a día.

Sea un fabricante en grande:
aprenda, aplique y enseñe

Aplicación
y disfusión

Amigo fabricante: Usted ha recibido y desarrollado todas las herramientas necesarias para ser considerado un fabricante en grande. Le instamos a que no se quede con esta información para usted solamente, sino a que la comparta con otras personas, con tus amigos y con tus vecinos.

¡Le invitamos a ser parte del proceso de crear fabricantes de queso!

Libros recomendados

La Biblia

En la Biblia hay una sabiduría y un conocimiento incalculable para la vida en general, y existen diversas herramientas para leerla, entenderla y aplicarla. Personalmente, la llamo "el manual del fabricante", pues así como recibimos un manual de operaciones cuando compramos un equipo electrónico o un automóvil, Dios nos envió a la Tierra con un manual: la Biblia, en la que podemos encontrar respuestas para todos los aspectos de la vida.

Thinkin for a Change
(Pensando para Cambiar)
Warner Books, 2003

Escrito por John C. Maxwell, este libro revela once tipos de pensamiento y señala cómo maximizar su uso para alcanzar la vida, el éxito y el progreso deseado. Es muy fácil de leer e implementar y profundo en el desarrollo de sus temas y recomendaciones.

Cómo ganar amigos e influir en las personas
(Título original: How to win friends and influence people)
Editorial Sudamericana, Buenos Aires: 1970

En este libro, Dale Carnegie recoge los principios básicos del entendimiento y el trato con personas. Un amigo mío, llamado Tim Foley, quien tiene una capacidad sin igual para tratar con personas de diversos niveles sociales, culturales y económicos, nos relevó un día su secreto: leer este libro por lo menos una vez al año (de hecho, nos confesó que ya lo había leído por lo menos quince veces).

The Magic of Thinking Big
(Pensar en Grande: la Mágia del Éxito)
Prentice-Hall, Englewood Cliffs, N.J., Estados Unidos

Este libro es un clásico en el proceso de establecimiento de marcas, hábitos de éxito y herramientas para vencer el miedo y actuar. Fácil de entender y poderoso en su contenido, es un libro vital para el proceso de fabricación.

Rich Dad, Poor Dad
(Padre Rico, Padre Pobre)
Tech Press, Arizona: 1997

Muchos veces he puesto énfasis en la importancia de obtener un alto nivel intelectual y emocional, pero no hay que olvidar la compresión del factor económico, pero no hay que olvidar la compresión del factor económico. Para lograrla, este libro en un manual indispensable, en el que su autor, Robert Kiyosaky, expresa conceptos básicos que aprendió de sus dos partes: su padre biológico, quien tenía un doctorado y múltiples estudios pero era pobre, y su mentor, quien a pesar de no tener estudios formales era una de las personas más ricas de Hawaii. Este libro cuestionará muchos de los conceptos que usted ha aprendido hasta hoy sobre el dinero.

Autores recomendados y sus temas

- John C. Maxwell: Liderazgo y trabajo en equipo.
- Anthony Robbins: Programación neurolingüística y conocimiento del poder mental.
- Tim Bryan: Manejo de finanzas.
- Mark Victor Hansen: Alimiento del alma, el espíritu y el bolsillo.
- Robert T. Kiyosaky: Conocimiento de las finanzas, presupuestos e inversiones.
- Napoleón Hill: Principios básicos de éxito.
- Dale Carnegie: Técnicas para el trato con personas, para hablar con público y para el conocimiento personal.
- Florece Littauer: Conocimiento de estilos, personalidades y comportamientos.
- Zig Ziglar: Técnicas de ventas, desarrollo humano y cómo enfrentar exitosamente las situaciones.
- Jesús de Nazaret: Un guía espiritual en todos los aspectos de la vida.

Bibliografías

- Burge, Hurge. Read and Grow Reach (Lea y hágase rico). INTI Publishing & Resource Books, Tampa, Florida: 2003.
- Carrol, Lewis. Alice in Wonderland (Alicia en el país de las maravillas). Bloomsbury USA: 2003.
- Carnegie, Dale. Cómo ganar amigos e influir sobre las personas. Editorial Sudamericana, Buenos Aires: 1970. (Título original: How to Win Friends and Influence People).
- De Vos, Richard. Compassionate Capitalism (Capitalismo Solidario). Penguin Books, Nueva York: 1993.
- Hansen, Mark Victor y Candfield, Jack. Chicken Soup for the Soul (Sopa de Pollo para el Alma). Health Communications Inc., Florida: 1993.
- Jhonson, Spencer. Who Moved My Cheese? (¿Quién se ha llevado mi queso?). G.P. Putnam's Sons, Nueva York: 1998.
- Jobs, Steve & Isaacson, Walter. Steve Jobs. Vintage Español, una división de Random House, Nueva York: 2011
- Jordan, Michael. I Can't Accept Not Trying (Mi filosofía del triunfo). Harper Collins, San Francisco: 1994.
- Keith, Ellis. The Magic Lamp (La lámpara mágica). Three Rivers Press, Nueva York: 1996.
- La Biblia. Sociedades Bíblicas, Versión "Dios Habla Hoy", 1996.
- Litman, Mike. Conversations with Millionaires (Conversaciones con millonarios). Conversations with Millionaires LLC: Octubre 30, 2001.
- Maxwell, John C. The 17 Indisputable Laws of Teamwork (Las 17 leyes incuestionables del trabajo en equipo). Thomas Nelson, Nashville, Tennessee: 2001.
- Thinking for a Change (Pensando para cambiar). Warner Books: 2003.
- Hill, Napoleón. Think & Grow Rich (Piense & hágase rico). Fawcett Crest Editions, Estados Unidos: 1985.
- Robbins, Anthony. Despertando el Gigante Interior (Título original: Awaken the Giant Within), Grijalbo, Arago, Barcelona: 1991.
- Schwartz, David. The Magic of Thinking Big (Pensar en Grande, la Magia del Éxito). Prentice-Hall, Englewood Cliffs, N.J., Estados Unidos: 1960.
- Van Andel, Jay. An Enterpresing Life (Una Vida Emprendedora). Harper Collins, Nueva York: 1998.

Biografías

Michael Dell: ¿Cómo cambiar una industria?
Michael Dell y Catherine Freedman. Direct from Dell-Strategies That Revolutionized an Industry. Harper Business, 1999.

Gandhi: ¿Cómo crear una revolución sin las armas?
Romain Rolland. Mahatma Gandhi, The man who become one with the universal being. West Richard: 1977.

Walt Disney. ¿Cómo crear un imperio con un ratón?
Bill Capodagli, Lynn Jackson y Fred Wiersema. The Disney Way: Harnessing the Management Secrets of Disney in Your Company. McGraw-Hill: 1999.

Sobre el Autor

Con más de dieciocho años en el mundo corporativo como alto ejecutivo de Citibank, una de las entidades bancarias más grandes del mundo, Samuel Clavell cuenta con una vasta experiencia en el campo de la planificación estratégica y la transformación empresarial. Ha ayudado a corporaciones multinacionales a crear a crear planes estrategicos a corto y largo plazo, que incluyen transformaciones tecnologícas y adaptaciones al cambio. Sammy (como le gusta que le llamen) disfruta de ayudar a los individuos y las corporaciones a obtener el máximo en cuanto a productividad, eficiencia y satisfacción personal. Sammy es parte del equipo de oradores, adiestradores y coaches de John C. Maxwell Team, representando y brindando talleres, siguiendo ésta prestigiosa metodología de liderazgo y cambio.

Anualmente en invitado a dar conferencias en los Estados Unidos, Mexico, Venezuela, Colombia, España, Puerto Rico y otros países de América Latina. Con sus conferencias y programas de desarrollo ha colaborado para que miles de personas alcancen sus metas y logren mejorar la calidad de vida, a la vez que aumenten su productividad profesional y empresarial.

Sammy ha hecho estudios de postgrado en computación y administración de empresas y finanzas en la Universidad de Puerto Rico. Durante las últimas dos decadas se ha dedicado a estudiar profundamente el desarrollo humano como punto estratégico para el éxito de las empresas, y como presidente y fundador de la empresa SC Enterprises ayuda a otros a alcanzar el éxito integral y hace realidad su misión de vida: *crear fabricantes para la sociedad*.

Síguenos por

@samuelclavell

www.samuelclavell.com
info@samuelclavell.com
1-787-704-5000

www.ingramcontent.com/pod-product-compliance
Lightning Source LLC
Chambersburg PA
CBHW030934220326
41521CB00040B/2307